仕事帰り・昼休みに行ける！

すばらしい東京の神社

ベスト151

自由国民社

【目次】

▼千代田区

神田神社（神田明神） "神田明神・神田祭" で知られる、1300年近くの歴史を持つ江戸総鎮守 ─ 12

日枝神社 永田町に鎮座して、古式ゆかしい山王祭で知られる社 ─ 14

靖国神社 九段にそびえる、戦没者の御魂を祀る神社 ─ 16

築土神社 神坂東の勇者、平将門を祀る江戸の古 ─ 17

東京大神宮 飯田橋に鎮座する、神前結婚式創始の "東京のお伊勢様" ─ 18

▼文京区

根津神社 華麗な社殿が江戸文化を伝える、文豪が愛した ─ 20

湯島天満宮 学問の神様菅原道真公を祀る、東京一の天神様 ─ 21

簸川神社 「合格階段」を上った先に鎮座する、茗荷谷の古社 ─ 22

駒込天祖神社 4年に1度見事な千貫大神輿が渡御する神社 ─ 23

櫻木神社 漫画にも登場する、東大受験生の聖地 ─ 24

▼中央区

水天宮 江戸庶民の信仰を集めた安産、子授けの神様 ─ 25

笠間稲荷神社 商売繁盛を後押ししてくれる、ありがたい笠間のお稲荷さん ─ 26

末廣神社　勝負事の神様として崇められる人形町の神様 ……… 27
松島神社　いい夢を授けてくれる「日本橋七福神」の一社 ……… 28
小網神社　戦災にも焼け残り、篤く崇拝される"強運"の神様 ……… 29
鐵砲洲稲荷神社　海上守護の神様として敬われてきた古社 ……… 30
築地波除稲荷　魚河岸で崇められてきた、災難除けの神様 ……… 31
住吉神社　八角神輿と3年に一度の本祭りで有名な、佃島に鎮座する水運の守り神 ……… 32
新川大神宮　江戸の名残りを残し、"新川締め"が行われるお酒の神社 ……… 33
日枝神社摂社　山王日枝神社の日本橋摂社 ……… 34
福徳神社　徳川家康もお参りした日本橋のビルの谷間の神社 ……… 35
椙森神社　日本橋に鎮座する、商売繁盛のお宮 ……… 36
銀座宝珠稲荷神社　江戸初期から木挽町に鎮座するお稲荷さん ……… 37
日本橋三越・三圍神社　三越本店の屋上に鎮座して、店を守る三井グループの守り神 ……… 37

▼ 港区

虎ノ門 金刀比羅宮　境内の「結神社」が女性に人気の、虎ノ門のこんぴらさま ……… 38
西久保八幡神社　神谷町に鎮座する、徳川秀忠の妻「お江」ゆかりの氏神様 ……… 39
烏森神社　企業戦士が参拝する、ビジネス街の氏神様 ……… 40
日比谷神社　ビジネス街新橋に鎮座して、働く人々を見守る「鯖稲荷」 ……… 41
愛宕神社　「出世の階段」で知られる、江戸防火の社 ……… 42
芝大神宮　"関東のお伊勢さん"として敬われ、武家が信仰した芝大門の神社 ……… 43

芝東照宮 きらびやかな社殿が目を奪う、芝公園の徳川霊廟所 ─ 44
御田八幡神社 三田の鎮守として、深い森の中に座する1300年の古社 ─ 45
天祖神社（龍土神明宮） 龍土町の地名の由来となった、六本木の氏神様 ─ 46
乃木神社 明治の軍人・乃木希典夫妻を祀った、緑濃い神社 ─ 47
赤坂氷川神社 千年、赤坂に鎮座する、緑に囲まれた風格あるお宮 ─ 48
白金氷川神社 豊かな緑に抱かれて厳かにたたずむ、白金の古社 ─ 49
元麻布氷川神社 外国大使館の街、麻布の総鎮守で、アニメ『セーラームーン』の舞台 ─ 50
高輪神社 『江戸名所図会』にも描かれた、高輪の氏神様 ─ 51

▼ 渋谷区

明治神宮 70万平方メートル坪もの広大な森に守られて、皇室の安寧と国家繁栄を祈願する聖域 ─ 52
東郷神社 日露戦争の名将を祀った、原宿の必勝祈願神社 ─ 54
代々木八幡宮 巨木に守られて鎮座する、鎌倉鶴岡八幡宮ゆかりの八幡様 ─ 55
金王八幡宮 渋谷とは思えない静寂さの中にただずむ社 ─ 56
宮益御嶽神社 宮益坂を守るビルの谷間の神様 ─ 57
渋谷氷川神社 長い歴史を持つ、「江戸三代相撲」の一社 ─ 58
幡ヶ谷氷川神社 住宅街にひっそりと建つ、幡ヶ谷の鎮守社 ─ 59
鳩森八幡神社 東京で一番古い富士塚がある、白鳩由来の神様 ─ 60

▼ 目黒区

大鳥神社 1200年の歴史を持ち、西の市で知られた目黒の鳥明神 ─ 61

中目黒八幡神社 「さざれ石」がある、中目黒の静かなお宮 ……62
碑文谷八幡神社 広い森に守られ、桜の名所として名高い目黒の八幡宮 ……63
自由ヶ丘熊野神社 熊野の神様が鎮座する、おしゃれな町のお宮 ……64

▼ 品川区
品川神社 「北の大王さん」と呼ばれて品川を見守ってきたお宮 ……65
荏原神社 竜神様を祀る、"天王洲"地名由来の北品川の古社 ……66
居木神社 美しい社殿が目を奪う、大崎の鎮守 ……67
雉神社 めでたい雉に由来する五反田の氏神様 ……68
戸越八幡神社 "戸越"の地名の由来となった八幡様 ……69

▼ 新宿区
市ヶ谷亀岡八幡宮 ペットと初詣できる、江戸っ子に親しまれた市ヶ谷の八幡様 ……70
四谷於岩稲荷神社 四谷にひっそりと建つ、伝説の女性「お岩さん」を祀るお宮 ……71
須賀神社 アニメ「君の名は。」に描かれた、黄金色に輝く四谷の総氏神 ……72
赤城神社 神楽坂上に鎮座する、和風モダンの牛込の鎮守様 ……73
新宿花園神社 酉の市に60万人も訪れる、新宿の氏神様 ……74
新宿十二社熊野神社 高層ビルを背にして鎮座する、熊野三山のご神霊 ……75
成子天神 西新宿の高層ビル街を見守る、春日局由来の学問の神様守 ……76
皆中稲荷神社 新大久保に鎮座する、徳川鉄砲隊ゆかりの開運お稲荷さん ……77
新宿下落合氷川神社 「女体の宮」と呼ばれて敬われる、新宿下落合の神様 ……78

早稲田穴八幡 「一陽来復」のお札が評判の、早稲田の総鎮守

葛ヶ谷御霊神社 遠く平安時代から続く、八幡神を祀る西落合の社

鎧神社 悲劇のヒーロー、平将門由来の北新宿の氏神様

▼ 豊島区

駒込妙義神社 桜と勝運祈願で知られた、豊島区一番の古社

長崎神社 椎名町にひっそりと鎮座する、昔ながらの鎮守様

池袋氷川神社 戦国時代に創建された、「池袋村」の氏神様

池袋御嶽神社 戦災にも遭わなかった強運の神社

大塚天祖神社 神明造りの清々しい社殿が建つ、"巣鴨村"の総鎮守

高田氷川神社 成人の日に矢を射る神事、「御奉射祭」が行われる社

▼ 台東区

上野東照宮 金色に輝く社殿が、徳川の栄華を今に伝える霊廟

下谷神社 1300年の歴史を持つ、都内で一番古いお稲荷さん

小野照崎神社 渥美清が"タバコ"断ちの願掛けをした、芸能・学問の神様

今戸神社 招き猫の置物が並ぶ、浅草のお宮

鳥越神社 1300年以上の歴史を誇り、千貫神輿で知られる浅草の古社

藏前神社 大相撲が行われた、江戸三大相撲興業の地

秋葉神社 "秋葉原"の名前の由来になった、鎮火の神様

79
80
81
82
83
84
85
86
87
88
89
90
91
92
93
94

▼江東区

洲崎神社 伏せた姿勢の狛犬が出迎える、海辺木場の神社 ……… 95

富岡八幡宮 下町、門前仲町に鎮座する、深川の八幡様 ……… 96

亀戸天神 東京一藤の花が美しい、北斎も描いた、管公を祀るお宮 ……… 98

猿江神社 「猿江」の地名の元になった、緑に囲まれた氏神様 ……… 99

東大島神社 五つの鎮守が合併して創建された氏神様 ……… 100

▼墨田区

白髭神社 スカイツリーを見上げながら訪ねてみたい、隅田川七福神の一社 ……… 101

牛嶋神社 スカイツリーの氏神様で、三つ鳥居が珍しい本所の総鎮守 ……… 102

三囲神社 「隅田川七福神」の一社で、初詣スタートの神社 ……… 103

隅田稲荷神社 隅田川側に鎮座する、濃い緑に守られたお稲荷さん ……… 104

▼荒川区

尾久八幡宮 都電荒川線にゆられて訪ねる、尾久の総鎮守 ……… 105

素盞雄神社 疫病除けの神様として崇められ、芭蕉も詣でた南千住の神社 ……… 106

石浜神社 白髭橋のたもとに建つ、奈良時代創建のお宮 ……… 107

諏方神社 江戸時代の景勝地に鎮座する谷中・日暮里の氏神様 ……… 108

▼葛飾区

葛西神社 江戸祭囃子が始まった、葛飾・江戸川の総鎮守 ……… 109

青砥神社 室町時代から人々を見守ってきた、青戸の氏神様 ……… 110

▼足立区

立石熊野神社 都内で唯一、安倍晴明ゆかりの神社

亀有香取神社 漫画『こち亀』(略)に描かれた亀有の総鎮守

大鷲神社 西の市600年の歴史を誇る、西の市発祥の社

足立鷲神社 古式ゆかしい島根囃子が伝わる、あたたかい見守りの神様

千住神社 江戸時代の大神輿が現存する、風格ある千住の氏神様

綾瀬稲荷神社 綾瀬の住宅街に鎮座して、人々を守ってきた氏神様

▼江戸川区

平井諏訪神社 江戸川一の社殿が建つ、諏訪大社のご分霊神社

小岩神社 足の病気にご利益ありと、わらじが奉納されているお宮

宇喜田稲荷神社 海だった場所に鎮座する、北葛西の氏神様

篠崎浅間神社 霧島神社のご祭神を祀る、江戸川区内最古の社

▼板橋区

赤塚氷川神社 室町時代の創建という、春には桜が美しい鎮守様

志村熊野神社 古くから厄除けの神様として、板橋で親しまれてきたお宮

東新町氷川神社 "鎮守の杜"が似あい、立派な社殿が鎮座する氏神様

▼北区

王子神社 「王子権現」と呼ばれて、江戸名所として栄えたお宮

王子稲荷神社 大晦日に「狐の行列」が行われる、王子の関東稲荷総社

田端八幡神社　田端にひっそりと鎮座する源頼朝ゆかりの氏神様……127

赤羽八幡神社　神社の下を新幹線が走る、電車好きに人気の赤羽の氏神様……128

平塚神社　源氏の武将三兄弟を祀る、昭和の雰囲気が残る上中里の社……129

▼ 中野区

沼袋氷川神社　「やくよけひかわ」として信仰を集める、太田道灌ゆかりの神様……130

江古田氷川神社　珍しい箱型の獅子頭で踊る、室町時代創建のお宮……131

多田神社　文武両道の源氏の武将を祀る、中野南台のお宮……132

鷺宮八幡神社　鷺宮にたたずむ、地名の元となった社歴952年の古社……133

中野氷川神社　華麗な社殿が目を奪う、東中野に鎮座する神社……134

▼ 杉並区

高円寺天祖神社　豊かな樹林を背にして鎮座する、高円寺の氏神様……135

高円寺氷川神社　お天気の神様が祀られて、気象予報士がお参りするお宮……136

阿佐ヶ谷神明宮　元、伊勢神宮の大鳥居が建ち、神明造りの社殿が見事……137

西永福大宮八幡宮　「東京のへそ」と呼ばれ、1万5千坪の広大な境内を持つ社……138

荻窪八幡神社　新しい事に挑戦する人を応援してくれる、荻窪の氏神様……139

荻窪白山神社　「歯痛平癒」の神として敬まわれてきた、白山信仰のお宮……140

下高井戸浜田山八幡神社　豊かな緑に守られた、太田道灌ゆかりの八幡様……141

井草八幡宮　善福寺に広大な神域を持つ、源頼朝ゆかりの厳かな神社……142

和泉熊野神社　杉並の永福町に鎮座する、紀州熊野の神様……143

▼練馬区

氷川台氷川神社 氷川の町名の始まりとなった、「大氷川」と呼ばれる、練馬の鎮守社 ……144

石神井氷川神社 石神井公園隣に鎮座する、"石神井のお氷川さま" ……145

武蔵野稲荷神社 色鮮やかな社殿が美しい、江古田のお稲荷さん ……146

大泉氷川神社 鎌倉時代創建とされる、大宮氷川神社のご分霊を祀る氏神様 ……147

▼世田谷区

赤堤六所神社 美しい社殿が緑に映える、大国命を祀る氏神様 ……148

松蔭神社 幕末の思想家・吉田松陰公を祀る、世田谷のお宮 ……149

世田谷八幡宮 奉納相撲が行われる、世田谷の勝運・開運の神様 ……150

喜多見氷川神社 遙か奈良時代の創建とされる、徳川幕府庇護の古社 ……151

世田谷玉川神社 子落としの獅子がいる、緑豊かな等々力の氏神様 ……152

▼大田区

磐井神社 1400年の歴史と格式を誇る、大森海岸の古社 ……153

薭田神社 1300年の歴史を持つ、蒲田の式内式古社 ……154

新田神社 破魔矢発祥の神社。ご神木には霊力があるという ……155

六郷神社 多摩川近くに鎮座して、六郷一帯を守る八幡様 ……156

穴守稲荷神社 堤防を守り、豊かな実りをくれた羽田のお稲荷さま ……157

羽田神社 航空安全を守る神様として信仰される、羽田の氏神様 ……158

▼都下

三鷹八幡神社 三鷹の森に鎮座する、江戸の大火を知る八幡様 — 159

吉祥寺武蔵野八幡神社 吉祥寺に厳かに鎮座する、明暦の大火由来の八幡宮 — 160

国立谷保天満宮 江戸三大天神の一社で、交通安全発祥と学業の神様 — 161

府中大國魂神社 広大な杜(もり)に厳かに鎮座する、武蔵国の総社 — 162

田無神社 五龍神が守護してくれる、龍神を祀るお宮 — 164

調布布多天神社 調布の地名の由来という、緑濃い森に守られた延喜式内小社 — 165

立川阿豆佐味天神社 「猫返し」の神様として、愛猫家が訪れる社 — 166

八王子八雲神社 攻めと守りに霊験あり、という八王子の地名由来の神様 — 167

町田菅原神社 町田三天神の一つとして、受験生を守る学問の神様 — 168

ワンポイント、お悩み別解決神社11 — 169

●妻恋神社(縁結び・恋愛成就) ●谷保天満宮(交通安全) ●稲足神社(足腰丈夫・健康)
●柳森神社(出世・開運) ●田村銀杏稲荷大明神(人間関係) ●舟渡氷川神社(再婚良縁)
●亀有香取神社(美脚・ダイエット) ●中村八幡神社(リストラ回避) ●榎大六天神社(悪縁切り)
●装束稲荷神社(ファッション・センス向上) ●第六天榊神社(子育て・育児)

神社の基本的知識 — 173

江戸由来の東京の神社巡りガイド — 174

奥付 — 176

千代田区

神田神社(神田明神)

"神田明神・神田祭"で知られる、1300年近くの歴史を持つ江戸の総鎮守

"神田明神"として親しまれ、1300年近くの歴史をもつ神田神社は、千代田区のお茶ノ水に鎮座している。

創建は古く、奈良時代の天平2年(730)、神田に祀られていたが、のち、現在の大手町将門塚周辺に遷座。さらにその後、江戸城の表鬼門守護のため、現在の地に遷座。以来、幕府の庇護のもと、江戸の総鎮守として、江戸っ子の篤い崇敬を受けてきた。徳川家康も関ケ原の戦いの前に、当社で戦勝祈願をしている。

神社は大手町・丸の内・日本橋・秋葉原・神田の広い区域に氏子を持ち、商店・企業などから崇拝されている。新年には「しごとのおふだ」を拝受して、商売繁盛・社運隆盛を祈願する経営者が多い。江戸三大祭の一つに数えられる「神田祭」でも知られ、徳川将軍も上覧した、"天下祭り"と呼ばれるほどの迫力ときらびやかさだ。

ご祭神
オオナムチノミコト
大己貴命
スクナヒコノミコト
少彦名命
タイラノマサカドノミコト
平将門命

神田祭

12

千代田区

神門

[DATA]
- 神田神社
- 東京都千代田区外神田 2-16-2
- JR 総武線・中央線「御茶ノ水」駅徒歩7分、東京メトロ丸ノ内線「御茶ノ水」駅徒歩6分
- 江戸の総鎮守
- 商売繁盛、事業繁栄、開運招福、他
- 例祭（5月15日）
- ご朱印あり
- 社務所（授与所）9:00~ 17:00
- kandamyoujin.or.jp

ご朱印帳

※「江戸三大祭」「東京十社」の一社（174頁～175頁）

千代田区

日枝神社(ひえじんじゃ)

永田町に鎮座(ちんざ)して、古式ゆかしい山王祭で知られる社(やしろ)

赤い衣を着た猿の夫婦

「山王鳥居」 神社入り口3箇所に建つ大鳥居は、鳥居の上に合掌した手のような三角の破風(屋根)が乗っている、珍しい形。大山咋神を祀る社だけに建っている。

「山王祭」(さんのうまつり) 東京の夏の風物詩「江戸三大祭」(山王祭、神田祭、深川八幡祭)の一つ山王祭は、毎年6月7日〜17日に行われる。隔年執行の年だけの神幸祭では、古式ゆかしい装束の人々の、300メートルもの長い行列が都心を練り歩く。徳川将軍も見物したという。

銀座四丁目交差点を進む鳳輦(ほうれん)

千代田区

狛犬の代わりにお使いの猿が社を守る日枝神社は、都内有数のオフィス街・飲食街を抱える永田町の高台に鎮座している。山王交差点に建つ巨大な鳥居をくぐり、脇にエスカレータがある長い階段を上がると、大きく華麗な社殿が目に飛びこんでくる。屋根の緑青色と社の朱色が美しい。

江戸庶民に「江戸郷の総鎮守」と呼ばれた神社の創建は不詳だが、鎌倉時代初期、江戸貫主を名乗った秩父重継が山王社を祭祀。さらに太田道灌が川越山王社を勧請。戦国時代の天正18年(1590)徳川家康が城内に祀り江戸城の鎮守とした。徳川将軍家が篤く敬い、新年や国家の大事には同社で祈祷したという。

赤い衣を着て並ぶ、子猿を抱いた母猿と父猿の夫婦像が人気で、猿は家族や子どもを大切にすることから、夫婦円満・子育てのご利益がある。また猿の音読みが「えん、縁」に通じることから、縁結びのご利益があるとして女性に人気が高い。江戸三大祭の一つ、山王祭で知られる。

弊殿

ご祭神
オオヤマクイノカミ
大山咋神

クニノトコタチノカミ イザナミノカミ
国常立神 伊弉冉神

アシナガヒコノミコト
足仲彦尊

[DATA]
- 日枝神社
- 東京都千代田区永田町2-10-5
- 東京メトロ銀座線・南北線「溜池山王」駅徒歩5分、銀座線・丸の内線「赤坂見附」駅徒歩5分
- 山王祭で知られる、縁豊かな神社
- 商売繁盛、良縁、安産、他
- 例祭 (6月15日。山王祭は6月7日〜17日)
- ご朱印あり
- 社務所 (授与所) 9:00〜17:00
- hiejinja.net

※「江戸三大祭」「東京十社」の一社 (174頁〜175頁)

靖國神社

千代田区

九段にそびえる、戦没者の御魂(みたま)を祀る神社

ご祭神
明治維新以後の戦火で倒れた御魂

千代田区九段に建つ靖国神社は、明治2年(1869)明治天皇の命によって建てられた東京招魂社が始まりで、のちに「靖國神社」と改称され今日に至っている。

広く知られるように、同社は国家のために尊い命を捧げた人々の霊を慰め、その事績を永く後世に伝えるために創建された神社。

「靖国」という社号は明治天皇の命名で、「祖国の平安」「平和な国家建設」という願いがこめられている。

明治維新以後の戦火で倒れた人々、246万6千余柱の御魂を祀っていて、8月15日の終戦記念日には、遺族をはじめ多くの人々が、参拝、拝殿にぬかづく。

[DATA]
- 靖國神社
- 東京都千代田区九段 3-1-1
- 東京メトロ東西線・半蔵門線・都営三田線「九段下」駅徒歩5分、JR総武線・東京メトロ東西線・有楽町線・南北線「飯田橋」駅徒歩10分
- 戦没者を祀る神社
- 国家安泰と繁栄
- 例祭（春季例大祭 4月21〜23日）（秋季例大祭 10月17〜20日）
- ご朱印あり
- 社務所（授与所）9:00〜17:00
- www.yasukuni.or.jp

鎮霊社
戦争や事変で亡くなられ、靖国神社に合祀されない国内、及び諸外国の人々を慰霊するために、昭和40年(1965)に建てられた。

千代田区

築土神社（つくどじんじゃ）

坂東の勇者、平将門（たいらのまさかど）を祀る江戸の古社

平将門を祀る神社として有名な当社の社歴は古く、社伝によれば平安時代の天慶3年（940）に創始。乱を起こして朝廷に討たれた将門の首を、現大手町付近に埋めて祀ったのが始まりという。

その後、江戸城築城などで幾度かの遷座（せんざ）をくり返し、最終的に現在の場所に鎮座。社名も築土神社となった。

北の丸公園にある日本武道館の氏神様でもあり、毎年元旦に授与される「勝守」は武道やスポーツ関係者を中心に人気が高い。戦災で神社が消失するまでは、将門由縁の社宝があったという。

ご祭神
天津彦火邇々杵尊（アマツヒコホノニニギノミコト）
平将門公（タイラノマサカドコウ）　菅原道真公（スガワラノミチザネコウ）

[DATA]
- 築土神社
- 東京都千代田区九段北1-14-21
- 東京メトロ半蔵門線・東西線・都営新宿線「九段下」駅徒歩2〜8分
- 武道の神様
- 勝利、開運、心願成就、他
- 例大祭（6月30日）
- ご朱印あり
- 社務所（授与所）9:00〜17:00（時間により職員不在の場合あり）
- tsukudo.jp

東京大神宮(とうきょうだいじんぐう)

飯田橋に鎮座する、神前結婚式創始の、"東京のお伊勢さま"

"東京のお伊勢さま"と呼ばれて親しまれてきた東京大神宮は、飯田橋駅から5分の場所に鎮座している。神前結婚式創始の神社ということから、良縁を求めて訪れる女性たちが多い。

明治13年、伊勢神宮を遥拝する神社として創建され、伊勢神宮の祭神、天照皇大神と豊受大神を祀っている。さらに、万物の結びの働きを司る造化三神(ゾウカサンシン)、倭比賣命(ヤマトヒメノミコト)を合わせ祀ることから、恋愛成就・縁結びの神社として人気が高い。

縁結びの由来の一つになっている神前結婚式が、明治33年(1900)、当時の皇太子殿下(のちの大正天皇)と九条節子様(貞明皇后)のご婚礼が、初めて宮中賢所の神前で行われた。東京大神宮ではこの慶事を記念して、一般向けに神前結婚式を創始。家庭で結婚式を挙げていた時代、これは人々に新鮮な感動を与え、一般にも広まっていった。

ご祭神
天照皇大神(アマテラスメオオカミ)
豊受大神(トヨウケノオオカミ) **造化三神**(ゾウカノサンシン)

「色々なおみくじ」
恋愛についての助言が書かれた「恋みくじ」が人気で、他にも「縁結びみくじ」や「血液型みくじ」「華みくじ」など、楽しいおみくじが豊富。

参拝者にはお菓子とお茶のふるまい。
1月以外の土・日・祝日には境内でお茶とお菓子がふるまわれる。(9時〜なくなり次第終了)

千代田区

[DATA]
- 東京大神宮
- 東京都千代田区富士見 2-4-1
- JR 総武線・東京メトロ東西線
「飯田橋」駅徒歩 5 分
- 伊勢神宮の東京遥拝殿
- 縁結び、良縁祈願、厄除、他
- 例祭（4月17日）
- ご朱印あり
- 社務所（授与所）9:00 ～ 17:00
- tokyodaijingu.or.jp

文京区

根津神社(ねづじんじゃ)

華麗な社殿が江戸文化を伝える、文豪が愛した社(やしろ)

江戸の雰囲気を伝える社と静粛な雰囲気で、ほっと気持ちが安らぐ神社。日本武尊が千駄木に創祀したと伝わるが、創建年代は不明。1706年に5代将軍綱吉が今に残る社殿を造営、千駄木の旧地より遷座した。権現(ごんげん)造りの本殿、幣殿、拝殿、唐門、楼門、透塀(すかしべい)は国の重要文化財に指定されていて、一見の価値あり。

現存する江戸の神社建築としては、最大規模のもの。付近に暮らした漱石・鴎外に愛され、二人が腰掛けたという「文豪憩いの石」や、白蛇が願いをかなえてくれるという「願かけカヤの木」もある。毎年4月～5月に咲く、三千株のつつじが素晴らしい。

ご祭神

スサノオノミコト　オオヤマクヒノミコト
須佐之男命　大山咋命

ホンダワケノミコト
誉田別命

オオクニヌシノミコト　スガワラノミチザネコウ
大国主命　菅原道真公

[DATA]
- 根津神社
- 東京都文京区根津1-28-9
- 東京メトロ千代田線「根津」駅、「千駄木」駅、南北線「東大前」駅より各徒歩5分。
- 現存する江戸期最大の神社建築(国指定重文7棟)
- 厄災消除、家内安全、諸願成就、他
- 例祭(9月21日)
- ご朱印あり(75mm角の大型)
- 社務所(授与所) 9:00～17:00
- www.nedujinja.or.jp

※「東京十社」の一社(175頁)

文京区

湯島天満宮（湯島天神）

学問の神様菅原道真公を祀る、東京一の天神様

学問の神様として知られる菅原道真公を祀り、受験シーズンには受験者とその家族で混雑する。

社伝によれば、古墳時代の雄略天皇2年（458）勅命により創建。徳川家康が篤く崇拝し、以来、江戸時代を通じて多くの文人・学者が参拝に訪れ、学問の神様として庶民の信仰を集めてきた。

道真公にちなんで植えられた梅の花が有名で、明治の文豪泉鏡花の小説『婦系図』の舞台としても知られている。

境内には、合格祈願を祈って奉納された絵馬が飾られ、その数の多さに驚く。

ご祭神
アメノタデカラオノミコト
天之手雄之命
スガワラノミチザネコウ
菅原道真公

[DATA]
・湯島天満宮
・東京都文京区湯島 3-30-1
・東京メトロ千代田線「湯島」駅徒歩2分、JR京浜東北線・山手線「御徒町」駅徒歩8分
・学問の神様として名高い
・学業成就、試験合格、開運、他
・例祭（5月25日）
・ご朱印あり
・社務所（授与所）8:30～19:30
・www.yushimatenjin.or.jp

※「江戸（関東）三大天神」の一社（175頁）

文京区

簸川神社(ひかわじんじゃ)

「合格階段」を上った先に鎮座する、茗荷谷の古社

ご祭神
素盞嗚命(スサノオノミコト) **大己貴命**(オオナムチノミコト)
稲田姫命(イナダヒメノミコト)

茗荷谷に鎮座する簸川神社の社歴は古く、古代の孝昭天皇3年(473)創建という。奥州下向の八幡太郎義家が勝利を祈願したとも伝えられる古社で、境内には清々しい空気が満ちていて、地元では「ひかわさま」と呼ばれてきた。

江戸時代は氷川神社と称していたが、大正時代に簸川神社と改めた。江戸七氷川の一社に数えられ、地元の人々によって守られてきた。なぜか、一の鳥居の奥に続く50段の階段は「合格階段」と呼ばれているが、由来は不明。
時折、何か念じるように階段を上って行く若者の姿が見える。

[DATA]
・簸川神社
・東京都文京区千石 2-10-10
・東京メトロ丸の内線「茗荷谷」駅徒歩 6 分
・「江戸七氷川」の一社
・厄除、恋愛成就、病気平癒、他
・例祭(9月9〜10日)
・ご朱印あり
・社務所(授与所)要電話
・tokyo-jinjacho.or.jp

※「江戸七氷川」の一社(174頁)

「合格階段」

文京区

駒込 天祖神社

4年に1度見事な千貫大神輿が渡御する神社

ご祭神
アマテラスオオミカミ
天照大御神

[DATA]
- 天祖神社
- 東京都文京区駒込 3-40-1
- 東京メトロ南北線「本駒込」駅 11 分
- 4 年に 1 度、千貫大神輿が渡御する神幸祭りが行われる
- 厄除、心願成就、無病息災、他
- 例祭（9月16日）
- ご朱印あり
- 社務所（授与所）要電話
- tokyo-jinjacho.or.jp

長い参道の先に、緑濃い境内が落ち着いた雰囲気をかもし出す天祖神社。社は駒込神明社と呼ばれて、江戸時代から地元の人たちに守られてきた。

創建は鎌倉時代にさかのぼり、源頼朝が奥州藤原氏討伐の折、夢のお告げによって神明を祀ったのが始まりとされる。ご祭神が天照御大神であることから、社殿は伊勢神宮と同じ神明造り。

境内にそびえる樹齢600年、高さ25メートルの一対の大イチョウが歴史を感じさせる。神社の近くには築山泉水の美しい日本庭園・六義園があるので、参拝のあとに訪れてみるのもいい。

文京区

櫻木神社(さくらぎじんじゃ)

漫画にも登場する、東大受験生の聖地

本郷三丁目は東大の近くにあって、漫画『ドラゴン櫻』のモデルにもなった櫻木神社。"東大合格"といえば櫻木神社といわれるほど、入試前や入試当日は手を合わせる若者が多い。

通称櫻木明神とも呼ばれる同社は、室町時代の文明年間(1469〜1487)に太田道灌が江戸城内に菅原道真公を祀り、創祀したのが始まりという。のちに湯島に移され、江戸時代の元禄4年(1691)現在地に鎮座。

こじんまりとしたお宮ながら、東大、学問の神様……ということもあり、東大受験生の聖地になっている。

ご祭神
スガワラノミチザネコウ
菅原道真公

[DATA]
- 櫻木神社
- 東京都文京区本郷4-3-1
- 東京メトロ丸の内線「本郷三丁目」駅徒歩2分
- 学問の神様
- 学問、芸能、開運、招福、他
- 例祭(9月第4土曜)
- ご朱印あり
- 社務所(授与所) 9:00〜17:00 (留守の場合あり)
- tokyo-jinjacho.or.jp

中央区

水天宮(すいてんぐう)

江戸庶民の信仰を集めた安産、子授けの神様

江戸っ子に「なさけ有馬の水天宮」と謳(うた)われて、安産を願う妊婦や子宝祈願の女性たちに、篤く敬われてきた子授けの神社。

江戸時代、九州久留米藩の江戸上屋敷内に、久留米水天宮の分社として開かれたのが始まり。

妊娠5ヶ月目の「戌(いぬ)の日」に安産祈願すると霊験があるといわれ、たくさんの参拝客でにぎわっている。戌(犬)の出産はお産が軽いところから、戌(犬)にあやかったとされ、「戌の腹帯」と呼ばれる、妊婦が締める安産御守り「御子守帯」(みすずおび)の人気が高い。

2016年4月に新社殿造営。

ご祭神

アメノミナカヌシノオオカミ　アントクテンノウ
天御中主神　安徳天皇
ケンレイモンイン　ニイノアマ
建礼門院　二位の尼

[DATA]

- 水天宮
- 東京都中央区日本橋蛎殻町 2-4-1
- 東京メトロ半蔵門線「水天宮前」駅徒歩1分
  東京メトロ日比谷線「人形町」駅徒歩6分
  都営地下鉄浅草線「人形町」駅徒歩8分
- 子受けの神様
- 安産、子授け、七五三、初宮、他
- 例祭(5月)
- ご朱印あり (個性的なデザインのご朱印帳)
- 社務所(授与所) 8:00〜17:00 (祈願受付 8:00〜15:00)
- suitengu.or.jp

子宝いぬ

愛らしい子犬を見つめる母犬からは情愛が伝わってくる。
安産、子授け、無事成長など様々なご利益があるとされる。

新社殿

笠間稲荷神社 東京別社

商売繁盛を後押ししてくれる、ありがたい笠間のお稲荷さん

日本橋浜町に鎮座する笠間稲荷神社は、日本三大稲荷の一つ、茨城県笠間稲荷神社の東京別社。「日本橋七福神」の一つでもあり、「紋三郎稲荷」とも呼ばれて日本橋の人たちに親しまれてきた。

今から325年前、江戸時代の延宝9年、笠間藩主が当時の下屋敷に笠間稲荷を分霊・勧請したのが始まり。江戸時代は邸内社だったが、明治になって一般に開放され、庶民もお参りできるようになった。

商売繁盛の神様ということで、土地柄、参拝する人が絶えない。

ご祭神
宇迦之御魂神（ウカノミタマノカミ）

[DATA]
- 笠間稲荷神社
- 東京都中央区浜町2-11-6
- 東京メトロ日比谷線・都営地下鉄浅草線「人形町」駅徒歩5分
- 福徳繁栄の神
- 家内安全、商売繁栄、交通安全
- 東京別社例祭（11月15日）
- ご朱印あり
- 社務所（授与所）7:00～22:00（開門時間）
- kasama.or.jp

中央区

末廣神社 すえひろじんじゃ

勝負事の神様として崇められる人形町の神様

江戸情緒が残る日本橋人形町。甘酒横丁や明治座で知られているが、たくさんの神様が鎮座する神社スポットでもある。

中でも、末廣神社は勝負事にご利益のある毘沙門天を祀ることから、勝運、開運の神様として、400年以上も信仰されてきた。最近は億の金を動かす株式トレーダーが訪れている、と

いう噂を聞く。

江戸時代はこの地にあった吉原の守り神で、社殿修複の際、縁起のいい扇が出てきたのを喜んだ氏子たちが「末廣神社」と改名したという。打ち水がされて清々しい神社には、お参りする人が後を絶たない。

ご祭神
宇賀之美多摩命（ウカノミタマノミコト）
武甕槌命（毘沙門天）（タケミカヅチノミコト）

[DATA]
・末廣神社
・東京都中央区日本橋人形町2-25-20
・東京メトロ日比谷線・都営浅草線「人形町」駅徒歩5分
・日本橋七福神の一社（毘沙門天を祀る）
・勝負事、開運、厄除、他
・例祭（2年に1回、5月中旬）
・ご朱印あり
・社務所（授与所）要電話
・tokyo-jinjacho.or.jp

中央区

松島神社
まつしまじんじゃ

いい夢を授けてくれる、「日本橋七福神」の一社

　神社の多い街、人形町に鎮座する一社で、「日本橋七福神」の一つ（大黒神）。口伝によれば、鎌倉時代の元享（1321）以前に、下総国（千葉）から遷座してきた元宮司柴田家の先祖が、邸内に諸神を祀ったのが始まりという。

　神域は広く、明治頃までは千人もの氏子が神輿を担ぎ、盛大な祭礼が行われていた。神社の良夢札（りょうむふだ）が人気で、札にお願い事を書き、枕の下に入れて寝ると良い夢が見られ、それが正夢になるといわれている。

ご祭神
大国主神（オオクニヌシノカミ）
日前大神（ヒノクマオオカミ）（天照大）
北野大神（キタノオオカミ）（菅原道真公）

[DATA]
・松島神社
・中央区日本橋人形町 2-15-2
・東京メトロ日比谷線「人形町」駅徒歩 3 分、半蔵門線「水天宮前」駅徒歩 1 分
・「日本橋七福神」の一社
・開運招福、厄除、商売繁盛、他
・例祭（5 月 15 日、酉の市（11 月））
・ご朱印あり
・社務所（授与所）9:00 〜 17:00
・tokyo-jinjacho.or.jp

中央区

小網神社(こあみじんじゃ)

戦災にも焼け残り、篤く崇拝される"強運"の神様

小網町に鎮座する小網神社は、強運の神様として知られている。室町時代中期の文正元年(1466)、この地に祀られた稲荷神社が始まりという。社殿は伝統的な神社建築の様式を備えていて、神楽殿はなぜか五角形の珍しい形をしている。

太平洋戦争中、同社出征奉告祭に参列し、お守り受けた氏子の出征兵士が全員生還したことから、強運厄除けの神様として広く崇められ、以来、強運開運を祈願する参詣人が絶えない。

熱心な氏子によって支えられ、5月の大祭、11月の奇祭・どぶろく祭りは下町らしい雰囲気でにぎわう。

[DATA]
- 小網神社
- 東京都中央区日本橋小網町 16-23
- 東京メトロ日比谷線・都営浅草線「人形町」駅徒歩 5 分。
- 伝統的な神社建築が残るお宮
- 強運厄除け、商売繁盛、招福開運
- 例祭(5月28日、土日の場合は前後する)
- ご朱印あり
- 社務所(授与所) 9:00 〜 18:00
- koamijinja.or.jp

ご祭神
倉稲魂命(ウカノミタマノミコト)
市杵島姫神(イチキシマヒメノカミ)

中央区

鐵砲洲稲荷神社

海上守護の神様として
敬（うや）われてきた古社

ご祭神

稚産霊神（ワクムスビノカミ）　豊受比売神（トヨウケヒメノカミ）
宇迦之御神（ウカノミタマノカミ）

中央区湊に鎮座する鐵砲洲稲荷神社。平安時代に創祀されたと伝わる神社は、海上守護の神として船乗りたちに敬われてきた。

平安末期の承和8年（841）、凶作を憂えた村民によって祀られ、以後遷座をくり返し、明治元年に現在の場所に鎮座。歌川広重の『名所江戸百景』には社殿が描かれている。社殿や神楽殿の装飾は質素ながら、重厚感がただよう。

境内には富士山の溶岩を使った富士塚があり、富士講の信者たちが参拝登山をしていた。

[DATA]
- 鐵砲洲稲荷神社
- 東京都中央区湊 1-6-7
- 東京メトロ日比谷線「八丁堀」駅 徒歩5分、有楽町線「新富町」駅 徒歩10分。
- 海上守護の神社
- 厄除、家内安全、商売繁盛、他
- 例祭（5月2〜5日）
- ご朱印あり
- 社務所（授与所）要電話
- teppozujinja.or.jp

富士塚

中央区

築地 波除神社

魚河岸で崇められてきた、災難除けの神様

ご祭神
ウカノミタマノミコト
倉稲魂命

長らく、魚河岸で働く人たちに信仰されてきた波切神社。築地と共に歩んで350年。今では「人生の荒波を乗りきるパワーをいただける」と、高校生からビジネスマンまでがお参りしている。

江戸時代、築地の埋め立て工事中、荒波で工事が難航。海中で光ただようご神体を引き上げ、万治5年（1659）、現在地に社殿を建てて祀ったのが始まりという。以来、災難除けの神様として崇められ、現在に至っている。

境内にある、活魚塚、鮟（あんこう）塚、海老塚、鱚すし塚などが築地らしい。

[DATA]
・波除神社
・東京都中央区築地6-20-37
・東京メトロ日比谷線「築地」駅徒歩7分、都営大江戸線「築地市場前」駅徒歩5分
・築地の氏神様
・厄除、商売繁盛、病気平癒、他
・例大祭（6月10日前後各日）
・ご朱印あり
・社務所（授与所）9:00～17:00
・namiyoke.or.jp

中央区

住吉神社(すみよしじんじゃ)

八角神輿と3年に一度の本祭りで有名な、佃島に鎮座する水運の守り神

江戸時代から水運の守り神として崇められてきた、佃島の住吉神社。3年に一度の本祭りで知られる同社は、徳川家康公の命により、大阪佃の人々が江戸へ下る際、田蓑神社の分霊を奉載し、正保三年現在の地に遷座。海運業、各問屋組合から信仰を集めてきた。

同社の神輿は珍しい八角形をしていて、獅子頭と共に文化財となっている。

潮風を受けて鎮座する社は落ち着いた雰囲気をただよわせ、隅田川沿いに建つ鳥居は故郷大阪の方に向いている。

参詣者に人気の、手の平サイズだるまの形をした「だるまみくじ」が可愛い。

ご祭神

底筒之男命 (ソコツツノオノミコト)　**中筒之男命** (ナカツツノオノミコト)
表筒之男命 (ウワツツノオノミコト)
息長足姫命 (オキナガタラシヒメノミコト)　**徳川家康公** (トクガワイエヤスコウ)

[DATA]

- 住吉神社
- 東京都中央区佃1-1-14
- 東京メトロ有楽町線・都営大江戸線「月島」駅6分
- 3年に一度の本祭りが有名
- 厄除け、心願成就、家内安全、他
- 例祭（8月6日〜7日。3年に一度の本祭りは8月6日前後の金曜日から月曜日の4日間行われる）
- ご朱印あり
- 社務所（授与所）8:00 〜 16:00
- sumiyoshijinja.or.jp

中央区

新川大神宮
しんかわだいじんぐう

— 江戸の名残りを残し、"新川締め"が行われるお酒の神社

「お酒の神社」として知られる新川大神宮の歴史は、寛永2年徳川二代将軍から土地を下賜され、伊勢神宮の遥拝所を設けたことに始まる。上方から酒が運ばれていた時代、集積地となったのが水運が便利な新川で、酒問屋街として栄えた。毎年新酒が着くとこの初穂を神前に献じ、販売したという。

現在、社殿は氏子関係者によって守られ、毎年秋に酒類業界を中心に盛大な例大祭が行われる。祭礼後には商談の成立を祝い、江戸時代から続く独特の「新川締め」が行われている。

ご祭神
アマテラスオオミカミ
天照御大神
トヨウケノオオミカミ
豊受大御神

[DATA]
・新川大神宮
・東京都中央区新川 1-8-17
・東京メトロ日比谷線・東西線「茅場町」駅徒歩4分、日比谷線「八丁堀」駅徒歩7分
・酒の神様
・所願成就、他
・ご朱印不明
・社務所(授与所)なし
・HP不明

中央区

摂社 日枝神社(山王御旅所)

山王日枝神社の日本橋摂社

永田町まで行かなくても、茅場町で日枝神社をお参りできる、日枝神社日本橋摂社。

戦国時代の天正18年(1590)、徳川家康公が江戸城に入城。日枝大神を崇敬して以来、御旅所のある「八丁堀北嶋(鎧島)祓所」まで、神輿が船で巡幸した事に始まる。神職が常駐しているので、祈禱、お守り授与なども本社と同じなのがうれしい。

場所がら忙しい人たちの憩いの場所にもなっていて、江戸三大祭の一つ、6月の山王祭りでは、鳳輦が摂社に駐輦され、御旅所祭が執り行われる。

ご祭神
- 日枝大神（ヒエノオオカミ）
- 浅間大神（アサマオオカミ）
- 菅原大神（スガワラオオカミ）
- 稲荷大神（イナリオオカミ）

[DATA]
- 日枝神社 日本橋摂社
- 中央区日本橋茅場町1-6-16
- 東京メトロ日比谷線・東西線「茅場町」駅徒歩3分
- 日枝神社 日本橋摂社
- 商売繁盛、良縁、安産、他
- 例祭（6月13日（隔年））
- ご朱印あり（山王日枝神社のご朱印と違い、双葉葵の印判は捺されていないが、しおりと根付は授与される）
- 社務所（授与所）9:00～15:00
- hiejinja.net

中央区

福徳神社(芽吹稲荷)

徳川家康公もお参りした
日本橋のビルの谷間の神社

日本橋の近代的なビルの合間に忽然と現れる、非日常の空間・福徳神社。2015年に社殿が再建され、ビルの屋上から地上に遷座。名前にあやかって福徳を授かろうと、ランチタイムにはOLやビジネスマンが訪れる。

芽吹稲荷とも呼ばれる同社の創祀は古く、清和天皇の御世、平安前期の貞観年間(859〜876)には、既に現在の地、武蔵野の福徳村に稲荷神社として祀られていたという。

徳川家康公も詣でたという神社は、江戸時代には富くじ(宝くじ)の興業が行われ、今では、宝くじ当選祈願者が参拝している。宝くじ当選祈願「幸運鈴」が人気。

[DATA]
・福徳神社
・東京都中央区日本橋室町2-4-14
・東京メトロ銀座線・半蔵門線「三越前」駅徒歩3分
・日本橋のビルの谷間の神社
・福徳招来、開運、他
・例祭(5月)
・ご朱印あり
・社務所(授与所) 9:00〜7:00
・mebuki.jp

ご祭神
倉稲魂命 (ウカノミタマノミコト)

天穂日命　大己貴命　少名彦命
事代主命　三穂津媛命
弁財天　徳川家康公

中央区

椙森神社 (すぎのもりじんじゃ)

日本橋に鎮座する、商売繁盛のお宮

日本橋七福神の一社で、日本橋堀留町にある恵比寿神を祀る、商売繁盛の神社。由緒によれば平安時代、平将門の乱平定のために藤原秀郷が戦勝祈願したといわれている。室町時代には太田道灌が雨乞い祈願のため、京都伏見稲荷を勧請して篤く信仰した。江戸時代には「江戸三森」(椙森、柳森、烏森) の一社に数えられ、武家や庶民の信仰を集めた。境内には、江戸時代に当社で行われていた富くじ (宝くじの元祖) を記念して建てられた富塚があり、熱心な宝くじ的中祈願の参詣者が多い。

ご祭神

- 倉稲魂大神 (ウガノミタマノオオカミ)
- 大市姫大神 (オオイチヒメノオオカミ)
- 素盞嗚大神 (スサノオノミタマノオオカミ)
- 大己貴大神 (オオナムチノオオカミ)
- 恵比寿大神 (エビスオオカミ)
- 四大神 (シオオカミ)

[DATA]
- 椙森神社
- 東京都中央区日本橋堀留町1-10-2
- 東京メトロ日比谷線・都営浅草線「人形町」駅徒歩5分、半蔵門線・銀座線「三越」駅徒歩8分
- 日本橋七福神の一社
- 金運 (商売繁盛、宝くじ的中)、福徳繁栄、他
- 例祭 (5月15～16日、渡御3年ごと)
- ご朱印あり (神社名と七福神が描かれたご朱印)
- 社務所 (授与所) 9:00～17:00
- www.geocities.co.jp/SilkRoad-Forest/2928

※「江戸三森」の一社 (175頁)

中央区

銀座 宝珠稲荷神社

江戸初期から木挽町に鎮座する、お稲荷さん

銀座3丁目の木挽町に鎮座するお稲荷さん「宝珠稲荷神社」。島原の乱で戦死した徳川軍の総大将・板倉重勝の屋敷神で、江戸初期の元和元年（1615）前後に、家内安全火除の神として祀られたもの。明治維新で地元の木挽町に寄進され、以来、大事に守られてきた。

ご祭神
宇迦御魂神（ウカノミタマノカミ）

[DATA]
- 宝珠稲荷神社
- 東京都中央区銀座 3-14-15
- 東京メトロ日比谷線・都営地下鉄浅草線「東銀座」駅徒歩3分
- 木挽町のお稲荷さん
- 商売繁盛、招福開運、他
- ご朱印不明
- 社務所（授与所）時間不明
- sugoroku.tokyo/?p=5722

日本橋三越屋上 三圍（囲）神社

三越本店の屋上に鎮座して、店を守る三井グループの守り神

墨田区に鎮座する三井グループの守護神、三圍神社（103頁）の摂社で、各三越デパートの屋上に鎮座している。大正9年9月21日、この場所に祭祀されたもので、「隅田川七福神」の一神、商売繁盛の大黒神も祀られている。

ご祭神
宇迦御魂之命（ウカノミタマノミコト）

[DATA]
- 三圍神社三越摂社
- 東京都中央区日本橋室町 1-4-1
- 東京メトロ銀座線・半蔵門線「三越前」駅徒歩3分
- 三越本店屋上に鎮座
- 商売繁盛、厄除、招福開運
- mitsukoshi.mistore.jp/store/nihombashi/history/list08.html

港区

虎ノ門 金刀比羅宮(とらのもんことひらぐう)

― 境内の「結神社(むすびじんじゃ)」が女性に人気の、虎ノ門のこんぴらさま ―

お守り各種

ご祭神
大物主神(オオモノヌシノカミ)
崇徳天皇(ストクテンノウ)

虎ノ門の高層ビルを背にして建つ金刀比羅宮。境内に鎮座する脇社「結神社」は、良縁を願う女性たちの人気スポットになっている。

この小さな社には江戸時代から良縁を願う娘たちが参拝し、『新撰東京名所図会』にも描かれている。昔は自分の黒髪の一部を神社の格子や、木々に結んで祈ったことからこの社名になった。

金毘羅宮の創祀は江戸時代の万治3年(1660)。讃岐(さぬき)丸亀藩の藩主が、江戸藩邸内に讃岐の金毘羅大権現を勧請したことが始まり。例祭には舞姫が舞いを奉納、おかめひょっとこの行列や露店でにぎわう。

[DATA]
- 金刀比羅宮
- 東京都港区虎ノ門1-2-7
- 東京メトロ銀座線「虎ノ門」駅徒歩1分
- 縁結びの神社
- 良縁祈願、商売繁盛、開運、他
- 例祭(10月10日)
- ご朱印あり
- 社務所(授与所)9:00～17:00(土日祝は9:00～16:00)
- kotohira.or.jp

西久保八幡神社
にしくぼはちまんじんじゃ

神谷町に鎮座する、徳川秀忠の妻「お江」ゆかりの氏神様

「飯倉八幡宮」とも呼ばる社は、神谷町駅から3分、目のさめるような緑の木立に囲まれて厳かに鎮座している。東京タワーのお膝元にあって、都心を感じさせない静謐な雰囲気がただよう。

伝によれば創建千年という古社で、平安時代の寛弘年間（1004～1012）、源頼信が石清水八幡宮を勧請、のち、太田道灌によって現在の場所に遷座。

徳川二代将軍秀忠の正室お江が関ケ原の勝利を祈願、戦後、勝利のお礼に社殿を造営。以後、深く信仰した。おみくじ100円という安さが驚きで、何かほっとする神社である。

ご祭神
- 品陀和気命（ホンダワケノミコト）
- 息長帯比売命（オキナガタラシヒメノミコト）
- 帯中日子命（オキナカツヒコノミコト）

[DATA]
- 西久保八幡神社
- 東京都港区虎ノ門 5-10-14
- 東京メトロ日比谷線「神谷町」駅3分、南北線「六本木一丁目」駅5分
- お江（ごう）ゆかりの神社
- 勝運守護、家内安全、他
- 例祭（8月15日、前祭・大祭・後祭の3日間）
- ご朱印なし（授与は平成25年から休止）
- 社務所（授与所）　要電話：03-3436-2765
- hachimanjinja.or.jp

※「江戸八所八幡宮」の一社（175頁）

烏森神社 からすもりじんじゃ

企業戦士が参拝する、ビジネス街の氏神様

創祀は平安前期の天慶3年(940)。平将門の乱のとき、藤原秀郷が武蔵国の稲荷神社に戦勝を祈願したところ、白狐が現れて秀郷に白羽の矢を与えた。乱を鎮めた秀郷が現在の地、桜田村に来た頃、白狐のお告げのとおり、烏が群がる森に出会い、社を創建。

江戸時代の稲荷ブームのときには、初午稲荷祭のにぎわいは江戸で一、二を争うほどだった。また、当神社の大神輿は巨大なもので、隔年ごとの本祭には、神輿好きが集まってくる。新橋というビジネス街にあり、多くの企業人が参拝に訪れている。

[DATA]
- 烏森神社
- 東京都港区新橋 2-15-5
- JR山手線・都営浅草線「新橋」駅徒歩2～4分
- 芸能の神・天鈿女命を祀った、数少ない神社の一つ
- 必勝祈願、商売繁盛、技芸上達、家内安全
- 例祭(5月4～6日)
- ご朱印あり(赤・黄・青・緑の4色の巴紋と、社紋をあしらったカラフルなご朱印)
- 社務所(授与所) 9:00～18:00(場合によって変更あり)
- karasumorijinja.or.jp

※「江戸三森」の一社(175頁)

ご祭神
倉稲魂命(ウカノミタマノミコト) 天鈿女命(アメノウズメノミコト)
瓊瓊杵尊(ニニギノミコト)

港区

日比谷神社
(ひびやじんじゃ)

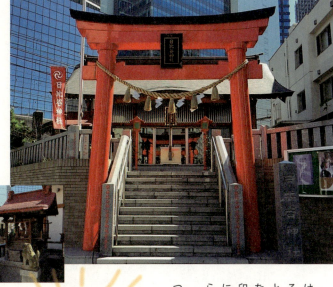

ビジネス街新橋に鎮座して、働く人々を見守る「鯖稲荷」

東新橋に鎮座し、背後には汐留の高層ビルがそびえる、まさに「都心の神社」といった社。周囲の近代的な建物の中で朱色の鳥居が印象的。昼休みや通勤途中に参拝する人たちの姿が見られる。

創建年代は不明だが、かつては現在の日比谷公園の中にあって、日比谷稲荷明神と称していた。社務所を開放して、苦しんでいる旅人たちのために無病息災の祈願をしたという。

以来、人々は同社を「旅泊(さば)稲荷」と唱え、それが間違われて「鯖稲荷」と呼ばれるようになったといわれている。

ご祭神
- 豊受大神(トヨウケノオオミカミ)
- 瀬織津比賣大神(セオリツヒメノオオカミ)　速開都比賣大神(ハヤアキツヒメノオオカミ)
- 気吹戸主大神(イブキドヌシノオオカミ)　速佐須良比賣大神(ハヤサスラヒメノオオカミ)

[DATA]
- 日比谷神社
- 東京都港区東新橋2-1-1
- JR山手線・東京メトロ銀座線・都営浅草線「新橋」駅徒歩5分、都営大江戸線「汐留」駅3分
- 虫歯治療に霊験あり
- 無病息災、病気平癒、厄除、他
- 例祭(5月第2週の金・土・日曜日)
- ご朱印あり
- 社務所(授与所)9:00～17:00
- hibiyajinja.com

港区

愛宕神社 (あたごじんじゃ)

「出世の階段」で知られる、江戸防火の社

創祀は平安前期の天慶3年。標高26メートルながら、東京23区で一番高い愛宕山。山全体を樹木がおおい、東京とは信じられない自然に恵まれ、山頂からの見晴らしがいい。その山頂に鎮座する同社は、「出世階段のお宮」として江戸庶民に愛されてきた。

江戸幕府開府の慶長8年(1603)、徳川家康により江戸の町防火の神様として創建。火産霊命を祀り人々に崇められた。大鳥居が建つもとから、社殿がある頂上まで続く「出世の石段」が有名で、隔年9月には神興が階段を上がる「出世の石段祭」が行われる。

「出世の石段」の由来
馬で石段を上がって梅の枝を折り、また下って、光に梅を届けた武士・曲垣平九郎。その故事を元にした講談『寛永三馬術』で知られる。

[DATA]
- 愛宕神社
- 東京都港区愛宕 1-5-3
- 東京メトロ日比谷線「神谷町」駅徒歩6分、銀座線「虎ノ門」駅徒歩8分、都営三田線「御成門」駅徒歩6分
- 江戸を火から守る神様
- 防火災厄、商売繁盛、恋愛成就、他
- 例祭(9月21〜24日「出世の石段祭」)
- ご朱印あり
- 社務所(授与所) 9:00〜17:00
- www.atago-jinja.com

ご祭神
火産霊命 (ホムスビノミコト)
罔象女命 (ミズハノメノミコト) 大山祇命 (オオヤマツミノミコト)
日本武尊 (ヤマトタケルノミコト)
将軍地蔵尊 普賢大菩薩

芝大神宮(しばだいじんぐう)

"関東のお伊勢さん"として敬われ、武家が信仰した芝大門の神社

10日も続く長い秋祭り"だらだら祭り"で名高い、芝大門の芝大神宮。この祭りや"生姜市"で江戸っ子の信仰を集めた同社は、伊勢神宮内外両社のご祭神を祀ることから、「関東のお伊勢様」として敬われてきた。

平安中期の寛弘2年(1005)伊勢神宮両宮を勧請して創建され、源頼朝が神領を寄進し深く崇拝した。秀吉、家康も参拝している。

人気のある浅草の「三社祭」は夏祭りだが、当社の祭りは秋祭り。それは豊穣の神、豊受御大神を祀ることからで、忙しい秋の収穫期、多くの農民が参拝できるよう、祭りの期間が長くなったという。

ご祭神
アマテラスオオミカミ
天照皇大御神
トヨウケノオオミカミ
豊受大御神

[DATA]
- 芝大神宮
- 東京都港区芝大門1-12-7
- JR山手線「浜松町」駅下車5分、都営地下鉄浅草線・大江戸線「大門」駅徒歩1分
- 関東のお伊勢様
- 縁結び、商売繁盛、開運、他
- 例祭(9月16日) だらだら祭り
- ご朱印あり
- 社務所(授与所) 9:00〜17:00
- shibadaijingu.com

※「東京十社」の一社(175頁)

港区

芝東照宮(しばとうしょうぐう)

芝公園の徳川霊廟(れいびょう)所
きらびやかな社殿が目を奪う、

例大祭

ご祭神
徳川家康公(トクガワイエヤスコウ)

[DATA]
- 芝東照宮
- 東京都港区芝公園4-8-10
- 都営地下鉄三田線「芝公園」駅、都営浅草線・大江戸線「大門」駅各徒歩5分
- 四大東照宮の一つ
- 勝運招福、心願成就、他
- 例祭（4月17日）
- ご朱印あり
- 社務所（授与所）9:00～16:30
- shibatoshogu.com

日光東照宮、久能山東照宮、上野東照宮と並ぶ、四大東照宮の一つ。広大な芝公園の一角にあり、緑に囲まれていて、付近のサラリーマンやOLの憩いの場にもなっている。

もともとは増上寺にあったが、三代将軍徳川家光により現在の場所に遷座され、新社殿が造営された。

その後、明治の神仏分離令により増上寺から切り離されて、芝東照宮となる。

徳川家の栄華をしのばせる、拝殿・本殿・唐門・透塀が豪華、きらびやかで目を奪う。『江戸名所図会』にも描かれ、境内には三代将軍家光手植えの大イチョウがそびえる。

御田八幡神社(みたはちまんじんじゃ)

三田の鎮守として、深い森の中に鎮座する1300年の古社

三田は辻の札の交差点近くに鎮座し、うっそうとした森の中にただずむ同社は創建1300年という飛びぬけた古社。

創祀は奈良時代の和銅2年(709)にまでさかのぼり、東国鎮守の神として祀られたことに始まる。のち幾度かの遷座・社号変更があり、今は三田の旧地名とされる御田が社号となっている。江戸天保年間に出た『江戸名所図会』では『三田八幡宮』として登場。

第一京浜という一級国道沿いにありながら、鎮守の森のような自然と雰囲気が守られていて気持ちがなごみ、オフイス街で働く人たちの貴重な憩いの場になっている。

主祭神
誉田別尊(ホンダワケノミコト)　**天児屋根命**(アメノコヤネノミコト)
武内宿禰命(タケシウチスクネノミコト)

[DATA]
- 御田八幡神社
- 東京都港区三田 3-7-16
- JR山手線「田町」駅徒歩10分、都営地下鉄浅草線「泉岳寺」駅徒歩5分
- 奈良時代創建の古社
- 厄除、家内安全、商売繁盛、他
- 例祭(平成28年度は8月4〜8日)
- ご朱印あり
- 社務所(授与所)9:00〜17:00
- mitahachiman.net

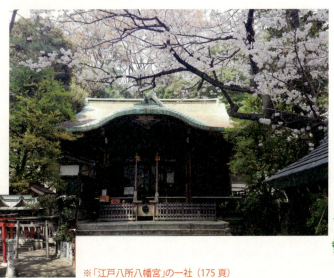

※「江戸八所八幡宮」の一社(175頁)

港区

天祖神社（龍土神明宮）

龍土町の地名の由来となった、六本木の氏神様

ご祭神
天照大御神（アマテラスオオミカミ）　伊邪那岐命（イザナギノミコト）
伊邪那美命（イザナミノミコト）

華やかな六本木駅からほど近く、「龍土町」と呼ばれる住宅街にひっそりと鎮座する龍土神明宮。神社の裏手に近代的な六本木ミッドタウンがそびえるという、不思議な感覚の社。

南北朝の至徳元年（1386）、飯倉城山（ホテルオークラの南側）に伊勢神宮内宮を勧請。その後、現在の地に遷座。由緒によれば、夜ごと江戸湾品川沖から現れる龍が神社に灯明を献じたことから「龍灯山」と称され、転じて場所が「龍土」と呼ばれた。

神社の番地スリーセブン「六本木7-7-7」にあやかる参拝人も多い。神輿（みこし）やかな参拝人も多い。神紋は「七七七」。

[DATA]
- 天祖神社
- 東京都港区六本木 7-7-7
- 東京メトロ日比谷線・都営大江戸線「六本木」駅徒歩5分、東京メトロ千代田線「乃木坂」駅徒歩5分
- 六本木龍土町の古社
- 商売繁盛、病気平癒、縁結び
- 例祭（9月21日。9月第3日曜日に変更もある）
- ご朱印あり（正月と辰の日だけに授与）
- 社務所（授与所）　要電話：03-3403-5898
- tokyo-jinjacho.or.jp

港区

乃木神社

明治の軍人・乃木希典夫妻を祀った、緑濃い神社

明治の軍人・乃木希典大将と静子夫人を祀った神社は、六本木・青山・赤坂というお洒落なエリアに囲まれて、緑豊かなオアシスのよう。最近は乃木坂46応援の絵馬が下がっていて、時代の流れを感じさせる。

大正元年（1912）、明治天皇大喪の当日に殉死した乃木夫妻を祭神として創建。夫妻の命日である9月13日に例祭が行われている。社は夫妻の邸宅の隣地に鎮座。敷地は区立乃木公園となり、邸宅の一部が公開されている。公園には桜が多く花見の名所になっていて、毎月第4日曜日に境内で開かれる骨董市が楽しい。

ご祭神
乃木希典将軍（命）
乃木静子夫人（命）

[DATA]
- 乃木神社
- 東京都港区赤坂8-11-27
- 東京メトロ千代田線「乃木坂」駅徒歩1分
- 勝負の神様
- 勝負運、夫婦和合、厄除、他
- 例祭（9月13日）
- ご朱印あり
- 社務所（授与所）9:00～16:30
- www.nogijinja.or.jp

港区

赤坂 氷川神社
あかさか ひかわじんじゃ

千年、赤坂に鎮座する、緑に囲まれた風格あるお宮

赤坂にありながら都心とは思えない静寂の中、深い木立の緑に包まれて、厳かに氷川神社が鎮座している。

平安時代中期の天暦5年 (951) 創始され、以来千年以上も、土地の人々によって深く崇拝されてきた。華麗な社殿は徳川八代将軍吉宗によって造営されたもので、吉宗も参拝している。

大イチョウが濃い影を落とす境内、緑青色の屋根が美しい社殿に気持ちが癒される。江戸時代には、江戸に鎮座した氷川神社七社の筆頭とされ、現在も高い格式を誇っている。秋の例祭は神輿と山車の連合渡御で盛大ににぎわう。

ご祭神
素盞嗚命（スサノオノミコト）　奇稲田姫命（クシイナダヒメノミコト）
大巳貴命（オオナムチノミコト）（大国主命）

[DATA]
・氷川神社
・東京都港区赤坂 6-10-12
・東京メトロ千代田線・日比谷線「赤坂」「六本木」駅徒歩 8 分
・千年以上続く赤坂の氏神
・厄除、良縁、商売繁盛、他
・例祭（9月15日）月に1度の縁結び参り
・ご朱印あり
・社務所（授与所）9:00 ～ 17:30
akasakahikawa.or.jp

華麗な本殿の格天井

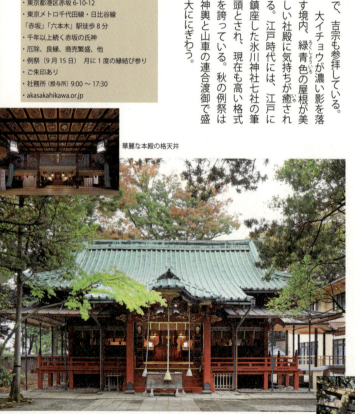

※「江戸七氷川」筆頭社、「東京十社」の一社（174 ～ 175 頁）

港区

白金(しろがね) 氷川神社(ひかわじんじゃ)

豊かな緑に抱かれて、厳かにたたずむ白金の古社

ご祭神
素盞嗚尊(スサノオノミコト) 日本武尊(ヤマトタケルノミコト)
櫛稲田姫尊(クシナダヒメノミコト)

港区で最も古い神社といわれる同社は、白金の住宅街に鎮座している。白金高輪の駅から5分、坂道を上がった丘の上に建ち、住宅地にあるためか、朝の出勤途中に手を合わせる人の姿がたくさん見られる。

歴史は古く、遥か白鳳年間（672〜686）に芝白金の総鎮守として創建。古代、日本武尊が東征の折当地にしばらく滞在して、武蔵国大宮氷川神社を遥拝した場所という。境内は広々として気持ちがいい。社は豊かな緑の林に囲まれて別世界のよう。堂々とした青銅製の鳥居をくぐれば神域の気配がある。

[DATA]
- 氷川神社
- 東京都港区白金2-1-7
- 東京メトロ南北線・都営地下鉄「白金高輪」駅徒歩5分
- 港区で最も古い神社
- 開運招福、商売繁盛、厄除
- 例祭（9月14〜15）
- ご朱印あり
- 社務所（授与所）9:00〜17:00
- tokyo-jinjacho.or.jp

港区

元麻布 氷川神社(もとあざぶ ひかわじんじゃ)

外国大使館の街、麻布の総鎮守で、アニメ『セーラームーン』の舞台

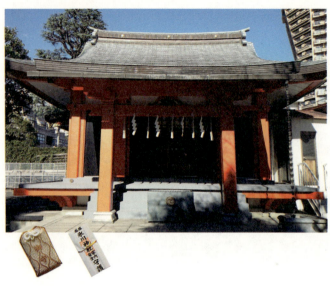

ご祭神
素盞嗚尊(スサノオノミコト)
日本武尊(ヤマトタケルノミコト)

外国大使館の街・元麻布に鎮座する同社は、麻布・六本木の総鎮守である。

由緒によれば社歴は古く平安時代の朱雀天皇の御世936年、平将門の乱平定で東征した源経基が創建したとも、太田道灌が勧請したともいう。代々徳川将軍に敬われ、五代将軍綱吉も参詣している。芭蕉も訪れ、「鶯をたづねたづねて阿佐布まで」という句を残した。

1990年代のアニメ『美少女セーラームーン』に火神社の名で登場。巫女の火野レイが住んでいた神社のモデルとなったことから、当時、アニメ・ファンが押しかけた。

[DATA]
- 氷川神社
- 東京都港区元麻布1-4-23
- 東京メトロ南北線、都営大江戸線「麻布十番」駅徒歩6分
- 麻布・六本木の総鎮守
- 勝運、仕事運、厄除開運
- 例祭（9月17日）
- ご朱印あり
- 社務所（授与所）9:00〜17:00（ご祈禱受付9:00〜16:30）
- azabuhikawa.or.jp

※「江戸七氷川」の一社（174頁）

高輪神社(たかなわじんじゃ)

「江戸名所図会」にも描かれた、高輪の氏神様

品川駅から第一京浜沿いに10分程度歩くと、高輪神社の風格ある石鳥居が見えてくる。神社は室町時代の明応年間(1492〜1501)、稲荷神社として創建。地元の氏神様として敬われてきた。『江戸名所図会』には、東海道と東京湾を望んで東向きに鎮座し、鳥居や狛犬、社殿の両脇に庚申堂と太子堂が建ち並ぶ神社の風景が描かれている。品川駅と泉岳寺の中間に位置し、第一京浜から階段を上がった場所にひっそりと鎮座している。当社を参拝したあと泉岳寺を訪ねるのもいいだろう。品川駅〜神社〜泉岳寺で1時間程度。

ご祭神
宇賀御魂命(ウカノミタマノミコト)　誉田別命(ホタワケノミコト)
猿田彦命(サルタヒコノミコト)

[DATA]
- 高輪神社
- 東京都港区高輪2-14-18
- JR山手線「品川」駅徒歩10分、
  都営地下鉄浅草線「高輪」駅徒歩8分
- 高輪1〜3丁目の氏神様
- 商売繁盛、厄除、諸病平癒
- 例祭（9月10日、3年に一度神輿が渡御）
- ご朱印あり
- 社務所（授与所）9:00〜17:00
- tokyo-jinjacho.or.jp

渋谷区

明治神宮(めいじじんぐう)

70万平方メートルもの広大な森に守られて、皇室の安寧と国家繁栄を祈願する聖域

都心にあって70万平方メートルの広大な森が広がる明治神宮。初詣の参拝者数日本一で知られる。神社周辺は「神宮外苑」「表参道」など、スポーツ・ショッピング・食事・散策と、緑豊かな東京を代表する憩いと行楽の場所にもなっている。広大な境内を3万6千本以上の樹木が覆い尽くし、「神宮の杜(もり)」と呼ばれるここには、明治天皇と昭憲皇太后が流麗な白木造りのご社殿に祀られていて、神社は大正9年に創建された。当時全国から献木された10万本にも及ぶ樹林を植樹。今では都心で見られなくなった動物や昆虫が棲息する、貴重な森になっている。御苑では150種の花菖蒲が咲き乱れる「菖蒲園」があり、6月には拝観客で混雑する。木造の明神鳥居としては日本一の木の鳥居、「清正井(きよまさのいど)」と呼ばれる湧水、夫婦円満のご利益があるという「夫婦楠(めおとくす)」など見所も多い。

ご祭神
メイジテンノウ
明治天皇

ショウケンコウタイゴウ
昭憲皇太后
（明治天皇の皇后）

木の大鳥居

[DATA]
- 明治神宮
- 東京都渋谷区代々木神園町1-1
- JR山手線「原宿」駅徒歩1分、
  東京メトロ千代田線・副都心線
  「明治神宮前」駅徒歩2分
- 明治天皇を祀る神社
- 皇室弥栄、国家安泰隆昌、世界平和
- 例祭（11月3日、明治天皇誕生日）
- ご朱印あり
- 開門は時期により異なる
- meijijingu.or.jp

御社殿

渋谷区

東郷神社
とうごうじんじゃ

日露戦争の名将を祀った、原宿の必勝祈願神社

原宿にありながら豊かな緑に囲まれて、散歩をかねて訪れる人が多い。同社は、海軍大将東郷平八郎命を祀っている。

明治末の日露戦争の日本海海戦で、ロシアのバルチック艦隊を破った連合艦隊司令長官の偉業を讃え、永く後世に伝え顕彰するために、昭和15年に創建。有名な彼の言葉。

「勝って兜の緒を締めよ」は彼の言葉。

勝負事で必勝を祈願するスポーツ関係者の参拝者が多いという。青山・原宿に近いという便利さや、緑あふれる静かな環境から、当社で神前結婚式を挙げるカップルも多い。

ご祭神
トウゴウヘイハチロウノミコト
東郷平八郎命

[DATA]
- 東郷神社
- 東京都渋谷区神宮前1-5-3
- JR山手線「原宿」駅徒歩3分、東京メトロ千代田線・副都心線「明治神宮前」駅徒歩5分
- 勝利の神様
- 必勝、開運招福、心願成就、他
- 例祭（5月28日）
- ご朱印あり 「勝」の判と東郷家家紋「蔦」の判を押す
- 社務所（授与所）9:00～17:00
- harajukutogo.wixsite.com/togojinja

54

代々木八幡宮

巨木に守られて鎮座する、鎌倉鶴岡八幡宮ゆかりの八幡様

代々木八幡駅からほど近く、うっそうと茂った巨木に守られて建つ社は、近くの明治神宮とは対象的な閉ざされた神域の雰囲気があり、訪れる人が多い。神社は古くから日本人に八幡様として崇められてきた、応神天皇を祀っている。

社伝によれば、鎌倉時代初期の建暦2年（1212）、源頼家ゆかりの武士が鎌倉鶴岡八幡宮を勧請。

木々がそびえる境内には、縄文時代の堅穴式住居（復元）もあり、境内の"出世稲荷"と呼ばれる稲荷神社には、開運出世を祈願する参拝者の姿が見られる。縄文ゆかりの勾玉型「縁結びお守り」が人気。

ご祭神

応神天皇（オウジンテンノウ）
天照御大神（アマテラスオオミカミ）　白山大神（ハクサンオオカミ）

[DATA]
- 代々木八幡宮
- 東京都渋谷区代々木 5-1-1
- 小田急線「代々木八幡」駅徒歩5分、東京メトロ千代田線「代々木公園」駅徒歩5分
- 縄文と開運出世の神社
- 勝運、心願成就、出世開運、他
- 例大祭（9月22～23日）
- ご朱印あり
- 社務所（授与所）9:00～17:00
- yoyogihachimangu.or.jp

渋谷区

金王八幡宮(こんのうはちまんぐう)

― 渋谷とは思えない静寂さの中にたたずむ社

渋谷駅改造で大きく変わりつつある渋谷南口駅からわずか7分。別世界のような静かな境内に、渋谷・青山を守る氏神、金王八幡宮が900年間厳かにたたずんでいる。

平安後期の寛治6年(1092)源義家により創建。渋谷重家がこの地に居城。渋谷の名前の元になった。徳川将軍家の信仰を得て、3代将軍家光の乳母春日局が華麗な神門社殿を寄進。初めは渋谷八幡と称したが、重家の嫡男金王丸(こんのうまる)常光の名声により、金王八幡宮と称するようになった。ビル街では味わえない、日本人の心の琴線に触れる雰囲気が満ちていて、気持ちが落ち着く貴重な場所になっている。

ご祭神
応神天皇
(オウジンテンノウ)
(品陀和気命)
(ワケノミコト)

[DATA]
- 金王八幡宮
- 東京都渋谷区渋谷 3-5-12
- JR山手線「渋谷」駅徒歩7分
- 渋谷・青山の総鎮守
- 交通安全・子授け・出産、他
- 例祭(9月14日、金王祭)
- ご朱印あり
- 社務所(授与所)9:00〜17:00
- www.geocities.jp/ynycr674

※「江戸八所八幡宮」の一社(175頁)

宮益 御嶽神社
渋谷区

ビルの谷間の神様
宮益坂を守る

ご祭神
日本武尊（ヤマトタケルノミコト）　火之迦具土神（ホノカグツチノカミ）
大国主命（オオクニヌシノミコト）　菅原道真公（スガワラノミチザネコウ）

ビルにはさまれて鎮座する渋谷の神様。渋谷駅から5分、青山へ向かって宮益坂を上ると、渋谷郵便局の手前に鳥居がある。階段を上ると二の鳥居、日本狼の狛犬が迎えてくれる。

室町時代の元亀元年（1570）、修験道の神・奈良吉野金峰山寺の蔵王権現を勧請。（ちなみに、木

「日本狼の狛犬」 原型は全国的にも大変珍しい日本狼の石像で、江戸時代の延宝年間（1673～1681）の作とされている。

曾の御嶽神社は「おんたけじんじゃ」。

境内にある不動尊石像は「炙り（あぶり）不動」と呼ばれ、苦しみや疫病を香りで炙り出すといわれ、お札を炙り富を増す「炙り不動」として人気がある。宮益坂に屋台が並ぶ西の市が有名。

[DATA]
- 御嶽神社
- 東京都渋谷区渋谷1-12-16
- JR山手線「渋谷」駅徒歩5分、東京メトロ銀座線「渋谷」駅徒歩5分
- 渋谷で唯一、酉の市が開かれる
- 魔除、商売繁盛、厄除、他
- ご朱印あり
- 社務所（授与所）9:00～17:00（平日のみ）
- shibuyamiyamasu.jp

渋谷区

渋谷 氷川神社
しぶや ひかわじんじゃ

長い歴史を持つ、「江戸郊外三大相撲」の一社。

ご祭神
- 素盞嗚尊（スサノオノミコト）
- 稲田姫命（イナダヒメノミコト）
- 大己貴尊（オオナムチノミコト）
- 天照皇大神（アマテラスオオミカミ）

渋谷と恵比寿の中間に鎮座して、渋谷で最も古く、4000坪の広い境内を持つ氷川神社。長い歴史の中、緑濃い森に守られて、境内には凛とした空気が流れている。

初め同社は氷川大明神といい、渋谷村の総鎮守だったが、古代、景行天皇の御世・寛治6年（1092）、東征の日本武尊が素盞嗚尊を祭祀。『江戸名所図会』によると神社の前を渋谷川が流れ、杉松の巨木が生えていた。

両側に樹木が茂る長い参道を歩み、階段を上がると渋谷とは思えない深い森が現れ、風格ある社殿がそびえている。高台にあるので吹き抜ける風が心地いい。

[DATA]
- 氷川神社
- 東京都渋谷区東 2-5-6
- JR山手線「渋谷」駅より都バス「日赤医療センター」行き「國學院大學前」徒歩1分
- 渋谷最古の神社
- 出世開運、必願成就、縁結び、他
- 例祭（9月16日、相撲神事あり）
- ご朱印あり（対応が丁重）
- 社務所（授与所）9:00～17:00　03-3407-7534
- tokyo-jinjacho.or.jp

※「江戸七氷川」の一社（174頁）

幡ヶ谷 氷川神社

住宅街にひっそりと建つ、幡ヶ谷の鎮守社

渋谷区本町の住宅街にひっそりと鎮座する幡ヶ谷氷川神社は、小さめながら木立に囲まれて趣がある。

戦国時代の創建と伝えられ、室町時代の永禄年間に書かれた戦国大名北条氏の文書には、すでに幡ヶ谷の鎮守社として載っている。

例大祭前日と当日は神楽が奉納され、神輿と山車が神社と町内を往復。境内と周辺道路にはたくさんの露店が並んで、綿アメ・焼きイカと昔ながらの雰囲気でにぎわう。お百度参り石もあり、子に乳を与える珍しい狛犬が迎えてくれる。

ご祭神
- 素盞嗚尊（スサノオノミコト）
- 奇稲田姫尊（クシイナダヒメノミコト）

[DATA]
- 氷川神社
- 東京都渋谷区本町 5-16-2
- 都営地下鉄大江戸線「西新宿五丁目」駅徒歩 13 分
- 幡ヶ谷の氏神様
- 厄除け、招福開運、縁結び、他
- 例祭（9月24日）
- ご朱印あり
- 社務所（授与所）9:00～17:00　03-3377-4828
- tokyo-jinjacho.or.jp

渋谷区

鳩森八幡神社
（はとのもりはちまんじんじゃ）

本殿の格天井画

東京で一番古い富士塚がある、白鳩由来の神様

千駄ヶ谷一帯の総鎮守で、JR千駄ヶ谷駅から徒歩5分の場所に鎮座している。

『江戸名所図会』にも描かれていて、社伝によると、「その昔、空から白雲が降りてきて、怪しんだ村民がその場所に行くと、こつぜんとして多数の白鳩が飛び立つ。以後、祠を建てて守るが、平安前期の貞観2年（860年）、自覚大師円仁が神功皇后・応神天皇・春日明神の像を安置して八幡宮としたことが始まり」という。

境内には東京で最も古い、江戸中期の寛政元年（1789）築という富士塚がある。富士信仰が盛んだった江戸時代には「江戸八富士」の一つに数えられた。

ご祭神
神功皇后（ジングウコウゴウ）
応神天皇（オウジンテンノウ）

[DATA]
- 鳩森八幡神社
- 東京都渋谷区千駄ヶ谷1-1-24
- JR総武線「千駄ヶ谷」駅、
  都営地下鉄大江戸線「国立競技場」駅、
  東京メトロ副都心線「北参道」駅、各徒歩5分
- 都内で現存する、一番古い富士塚がある。
- 必勝開運、災難除、心願成就、他
- 例祭（9月の第2土・日曜）
- ご朱印あり
- 社務所（授与所）9:00 ～ 17:00
- hatonomori-shrine.or.jp

※「江戸八富士」の一社（175頁）

目黒区

大鳥神社（おおとりじんじゃ）

1200年の歴史を持ち、酉の市で知られた目黒の鳥明神（とりみょうじん）

「目黒のお酉さん」「鳥明神」とも呼ばれ親しまれてきた、区内最古の神社。浅草の酉の市と並ぶ11月のお酉様は有名で、江戸時代から大勢の人出でにぎわってきた。

酉の市のいわれとして『日本書紀』に「10月己酉に日本武尊を遣わして、熊襲（くまそ）を撃つ」とあり、日本武尊の出発日が酉の日だったこととが起源といわれる。

大鳥神社の社名「おおとり」は、「大取」に通ずるため、宝物を大きく取り込むという、商売繁盛・開運招福の神様として信仰を集めている。平安初期の大同一年（806）、神勅により造営された1200年の歴史を誇る。

ご祭神
日本武尊（ヤマトタケルノミコト）　国常立尊（クニノトコタチノミコト）
弟橘媛命（オトタチバナヒメノミコト）

[DATA]
- 大鳥神社
- 東京都目黒区下目黒3-1-2
- JR山手線「目黒」駅西口徒歩8分
  東急目黒線・東京メトロ南北線
  都営地下鉄三田線各「目黒」駅徒歩9分
- 酉の市で有名（11月11日、11月23日）
- 商売繁盛、開運、招福、他
- ご朱印あり（正月三が日、例大祭、酉の市のみ）
- 社務所（授与所）9:00～16:00（社務所の休日もあり）
- ootorijinja.or.jp

熊手が飾られた酉の市

中目黒 八幡神社

「さざれ石」がある、中目黒の静かなお宮

『君が代』の歌詞に出てくる「さざれ石」がある中目黒八幡神社は、中目黒駅から8分の住宅街にひっそりと鎮座している。イチョウ、けやき、しいなどの木々が茂る静寂な境内に、権現造りの立派な社殿がたたずむ。創建は不詳だが、江戸中期の宝暦13年（1763）の村の概要要覧には「上目黒村鎮守八幡宮」の記載がある。冒頭の「さざれ石」とは石灰岩が溶けて固まったもの（略）で珍しく、注連縄が巻かれて祀られている。昔から十二座の神楽を奏することで知られ、例祭に奏されるが、奉納されるフラダンスも人気。

ご祭神
應神天皇（誉田別命）オウジンテンノウ ホンダワケノミコト
天照大御神 アマテラスオオミカミ

[DATA]
- 中目黒八幡神社
- 東京都目黒区中目黒 3-10-5
- 東急東横線「中目黒」駅徒歩8分
- 昔ながらの心休まる八幡様
- 勝運招来、心願成就、厄除、他
- 例祭（9月の第4土・日）
- ご朱印あり
- 社務所（授与所）9:00～17:00
- nakameguro-hachimannjinnja.com

さざれ石

目黒区

碑文谷 八幡宮 (ひもんや はちまんぐう)

広い森に守られ、桜の名所として名高い目黒の八幡宮

目黒にありながら、東京とは思えない静寂さの中にたたずむ碑文谷八幡宮は、桜の名所としても知られている。

東横線の学芸大学駅や、都立大学駅から歩いて行ける神社の、森のような木々が茂る広い境内には、穢れのない静寂さが流れ、立派な社殿が建つ。

創建年は不明だが、鎌倉時代に源頼朝の家臣・畠山重忠の守護神を祀ったのが始まりという。一の鳥居と二の鳥居の間の長い参道（100メートル）は桜の名所として知られ、境内に地名の由来という梵字が刻まれた『碑文石』がある。『碑文を彫った石のある里（谷）』で、碑文谷になった。

ご祭神
応神天皇（オウジンテンノウ）

[DATA]
- 碑文谷八幡宮
- 東京都目黒区碑文谷 3-7-3
- 東急東横線「学芸大学」駅徒歩7分、「都立大学」駅徒歩11分、JR山手線「目黒」駅から東急バス「碑文谷八幡宮前」徒歩1分
- 桜の参道で知られた神社
- 出世開運、心願成就、厄除、他
- 例祭（9月の敬老の日の前日と前々日）
- ご朱印あり
- 社務所（授与所）9:00〜17:00　03-3717-8803
- tokyo-jinjacho.or.jp

目黒区

自由が丘 熊野神社

熊野の神様が鎮座する、おしゃれな町のお宮

駅からほど近く、おしゃれな街・自由が丘の変遷を見守ってきた熊野神社。歴史は古く、鎌倉時代の創建と伝わる。紀州の熊野詣が盛んだったこの時代、地元の民が熊野参りをして本宮のご分霊を勧請。駅前の商店街を抜けると、自由が丘のイメージとはかけ離れた昔ながらの鎮守の杜が現れ、長い参道がのびている。参道の奥に建つ三の鳥居は朱色の両部鳥居で、色鮮やかな朱色に塗られた立派な社殿が、木々の緑に美しく溶けこんでいる。例大祭には、外国人が担ぐ国際親善神輿が自由が丘の街を練り歩く。

ご祭神
速玉之男尊（ハヤタマノオノミコト）
伊弉冉尊（イザナミノミコト）
泉津事解之男尊（ヨモツコトサカノオノミコト）

[DATA]
- 熊野神社
- 東京都目黒区自由が丘1-24-12
- 東急大井町線・東横線「自由が丘」駅徒歩5分
- 自由が丘の鎮守様
- 縁結び、厄除、家内安全
- 例祭（9月の第1土・日）
- ご朱印あり
- 社務所（授与所）9:00～17:00　03-3717-7720
- tokyo-jinjacho.or.jp

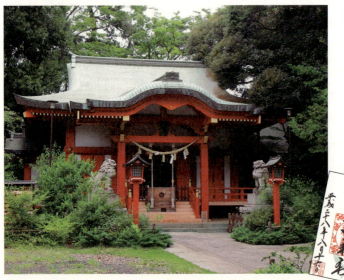

64

品川区

戸越八幡神社
"戸越"の地名の由来となった八幡様

ご祭神
誉田別命（ホンダワケノミコト）

神社の社頭から境内にかけて、樹齢300年を超える緑濃い木々に囲まれた、神社の荘厳な空気に身が引き締まる。

由緒によると、室町時代の大永6年（1526）、旅の僧が村内の池からご神体を発見。僧は祠を建ててご神体を安置し、京都石清水八幡宮のご神霊を勧請し、ここに誉田別命（応神天皇・八幡大神）をお祀りしたのが草創の起源とされる。

その後、「願い事が、たちまちかなう」という評判がたち、「江戸越えて清水の上の成就庵（じょうじゅあん）ねがひの糸のとけぬ日はなし」という歌にも詠まれ、"江戸越え"が戸越という地名になったといわれる。

[DATA]
- 戸越八幡神社
- 東京都品川区戸越 2-6-23
- 都営地下鉄浅草線「戸越」駅徒歩5分
- 樹木が茂り、清浄な雰囲気が溢れている
- 開運厄除、安産、縁結び、他
- 例祭（9月の第3日曜）
- ご朱印あり
- 社務所（授与所）8:00～17:00
- togoshihachiman.jp

品川区

雉神社 (きじじんじゃ)

めでたい雉に由来する五反田の氏神様

五反田駅から徒歩5分の場所に鎮座する雉神社は、池波正太郎の時代小説にも登場する、当地の鎮守である。古くは荏原宮といい、室町時代の文明年間には大鳥明神とも称した。慶長年間、この地に鷹狩に訪れた徳川三代将軍家光が、現れた1羽の白雉をめでたいとして以後、雉神社と号する。

桜田通り沿いに、樹木に守られた鳥居と社号碑が建ち、石段を上がるとビルの1階に立派な社が鎮座。社殿の上の吹き抜けの青空にほっとする。社殿周りは清々しく掃き清められ、心配りがうれしい。例祭には神輿山車が出て、露店も並ぶ。

池波正太郎著『仕掛け人藤枝梅安』では、梅安が雉神社の近くに住んでいる。

ご祭神
日本武尊（ヤマトタケルノミコト）
天手力雄命（アメノタヂカラオノミコト）
大山祇命（オオヤマツミノミコト）

「DATA」
- 雉神社
- 東京都品川区東五反田1-2-33
- JR山手線・都営地下鉄浅草線、東急池上線「五反田」駅徒歩5分
- ビルの1階に鎮座する神社
- 金運招福、火災守護、必勝祈願、他
- 例祭（10月の第1土・日）
- ご朱印あり
- 社務所（授与所）9:00～17:00
- tokyo-jinjacho.or.jp

品川区

大崎鎮守 居木神社（おおさきちんじゅ いるぎじんじゃ）

美しい社殿が緑にとけこむ、大崎の鎮守

大崎駅近くに鎮座する神社は、大崎地区の鎮守として江戸時代から崇められてきた。創建年代は不詳だが、以前は「雉子の宮」と称していたという。明治時代に居木神社と改称。

住宅街の中を進むと鳥居と階段があり、上った先には濃い緑に囲まれた境内が広がっている。朱色に塗られた社殿は美しく、品格がただよう。

春の桜の風景を描いた刺繍模様のご朱印帳は、女性にはうれしいデザイン。3日間に及ぶ例大祭は、神輿・神楽・和太鼓演奏・奉納演奏・富くじ大会など、さまざまな祭事が行われ盛り上がる。

ご祭神
- 日本武尊（ヤマトタケルノミコト）
- 高靇神（タカオカミノカミ）
- 大國主命（オオクニヌシノミコト）
- 倉稲魂命（クライナタマノミコト）
- 天兒家根命神（アメノコヤネノミコト）

「DATA」
- 居木神社
- 東京都品川区大崎 3-8-20
- JR 山手線「大崎」駅徒歩 4 分、「五反田」駅徒歩 10 分、東急池上線「大崎広小路」駅徒歩 5 分
- 大崎の鎮守様
- 商売繁盛、開運、学業成就、他
- 例祭（8 月 25 日前後の金・土・日）
- ご朱印あり
- 社務所（授与所）9:00 〜 17:00
- irugijinjya.jp

品川区

荏原神社(えばらじんじゃ)

竜神様を祀る、"天王洲(てんのうず)"
地名由来の北品川の古社

「南の天王さん」の愛称で親しまれる荏原神社は、北品川の旧東海道にほど近い森に、風格ある趣で鎮座している。

同社の歴史は非常に古く、奈良朝初期の和銅2年(709)、奈良吉野の丹生川上神社(にうかわかみ)より龍神高龗神(タカオカミノカミ)を勧請。その後伊勢神宮、京都八坂神社のご祭神をご分霊して祀っている。徳川家に篤く崇拝され、明治天皇も参拝。

6月に行われる同社の天王祭りは、かつて江戸の夏祭りを彩る華だった。現在も都内で唯一、お台場の海で行われる勇壮な神輿渡御は有名で、毎年盛大にくり広げられる。

ご祭神

高龗神(タカオカミノカミ)

天照皇大神(アマテラススメオオミカミ) 豊受姫之神(トヨウケヒメノミコト)

須佐男之尊(スサノオノミコト) 手力雄之尊(タヂカラオノミコト)

大鳥大神(オオトリノオオカミ) 恵比寿神(エビスノカミ)

[DATA]
- 荏原神社
- 東京都品川区北品川2-30-28
- 京浜急行「新馬場」駅徒歩8分
- 地名「天王洲」由来の古社
- 勝運、商売繁盛、病気平癒、他
- 例祭(9月9日)「天王祭」(6月上旬)
- ご朱印あり
- 社社務所(授与所) 9:00～17:00
- ebarajinja.org

品川区

品川神社(しながわじんじゃ)

「北の大王さん」と呼ばれて品川を見守ってきたお宮

「北の大王さん」と呼ばれ、荏原神社と並んで崇敬されてきた品川神社。鎌倉時代の文治3年(1187)、源頼朝が安房国(千葉県)から洲崎明神を勧請して祀り、品川大明神と称した。徳川家康が関ケ原の勝利のお礼として、仮面と神輿を奉納している。

境内入口に建つ石鳥居の左の柱には昇り龍、右の柱には降り龍が彫刻され、「双龍鳥居」と呼ばれている。大祭で神輿が上り下りする53段の石段を上ると、森に囲まれた風格ある社殿が鎮座。大黒天の像、板垣退助の墓、富士塚と見所が多い。「品川囃子」で有名。

ご祭神
天比理乃咩命 (アメノヒリノメノミコト)　素盞嗚尊 (スサノオノミコト)
宇賀之売命 (ウガノメノミコト)

[DATA]
- 品川神社
- 東京都品川区北品川3-7-15
- 京浜急行「新馬場」駅徒歩1分
- 「北の大王さん」と呼ばれる鎮守様
- 金運向上、商売繁盛、海上交通守護、
- 例大祭(6月7日に近い土、日)
- ご朱印あり
- 社務所(授与所)9:00〜17:00
- tokyo-jinjacho.or.jp

※「東京十社」「江戸八富士」の一社(175頁)

新宿区

市谷亀岡八幡宮(いちがやかめがおかはちまんぐう)

ペットと初詣できる、江戸っ子に親しまれた市ヶ谷の八幡様

JR市ケ谷駅から6分の高台に鎮座する当社は、ペットとお参りできる神社として知られている。「生類憐れみの令」の徳川五代将軍綱吉が同社を崇拝したことから、ペットのお祓いを行い、ペットの無事を祈る絵馬も奉納されている。

戦国時代初期の文明11年(1479)、江戸城を築いた太田道灌が鎌倉の鶴岡八幡宮を勧請。社号も「鶴岡」に対して「亀岡」とした。緑の多い境内には静かな時が流れている。歌川広重の『江戸名所百景』にも描かれて、『山の手の市谷八幡宮、下町の深川八幡宮』として篤く信仰された。

[DATA]
- 市谷亀岡八幡宮
- 東京都新宿区市谷八幡町15
- JR総武線・東京メトロ有楽町線・都営新宿線「市ヶ谷」駅徒歩6分
- ペットとお参りできる神社
- ペット守り、眼病平癒、勝運、他
- 例祭(8月13〜15日)
- ご朱印あり
- 社務所(授与所) 9:00〜17:00
- ichigayahachiman.or.jp

ご祭神
誉田別命(ホンダワケノミコト)　気長足姫尊(オキナガタラシヒメノミコト)
與登比売神(ヨトヒメノカミ)

※「江戸八所八幡宮」の一社(175頁)

新宿区

四谷 於岩稲荷神社

四谷にひっそりと建つ、伝説の女性「お岩さん」を祀るお宮

ご祭神
豊受比売大神（トヨウケヒメオオミカミ）
田宮於岩命（タミヤオイワノミコト）

[DATA]
- 四谷於岩稲荷神社
- 東京都新宿区左門町17
- 東京メトロ丸ノ内線「四谷三丁目」駅徒歩6分
- 「四谷怪談」ゆかりの神社
- 招福、商売繁盛、芸能上達
- 例祭（3月22日）
- ご朱印あり
- 社務所（授与所）9:00〜17:00（不在の事が多い）
- HP不明

　都心にありながらひっそりと静まり返り、周囲とは違う独特の空気が流れる当社は、四谷三丁目駅から程近い住宅街にただずんでいる。

　祀られているのは江戸時代に実在し、四谷で暮らしていた「岩」という女性。働き者で夫に尽くした彼女は死後、その功績が称えられ於岩稲荷として信仰される。ところが200年後、怪談話として脚色され、間違ったイメージが広まった。

　自由に持ち帰れる宮司手書きの「言葉守」が人気で、仲の良かった夫婦にあやかり、良縁祈願や、夫婦円満を願う女性たちが訪れている。ご朱印は「有事人生」。

新宿区

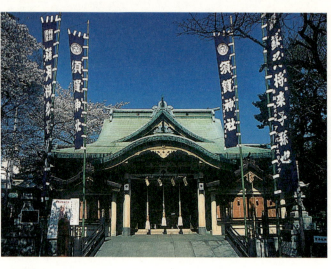

須賀神社(すがじんじゃ)

アニメ「君の名は。」に描かれた、黄金色(こがねいろ)に輝く四谷の総氏神

朱色の社殿が多い中で、まばゆいばかりの黄金色に塗られて輝く須賀神社。四谷三丁目の住宅街に鎮座する同社は、江戸時代初期に創祀されている。
初めは赤坂の稲荷神社だったが、のちに四谷に遷座。神田明神より牛頭天王(須佐之男命)を勧請合祀して、庶民に「四谷の天王さま」として敬われた。
例大祭は露店でにぎわい、「四谷担ぎ」と呼ばれるすり足で練り歩く神輿渡御が名高い。アニメ「君の名は。」の舞台として描かれ、熱心なファンが訪れている。

ご祭神
須佐之男命(スサノオノミコト)
宇迦能御魂命(ウカノミタマノミコト)

[DATA]
- 須賀神社
- 東京都新宿区須賀町5
- JR中央線・東京メトロ丸の内線「四谷」駅徒歩10分、「四谷三丁目」駅徒歩7分
- 四谷の総鎮守
- 開運招福、商売繁盛、疫病除、他
- 例大祭(6月3〜5日)
- ご朱印あり
- 社務所(授与所)9:00〜17:00
- sugajinja.org

新宿区

赤城神社(あかぎじんじゃ)

神楽坂上に鎮座する、和風モダンの牛込の鎮守様

日本情緒が残る神楽坂上・赤城元町に建つ赤城神社は、牛込の鎮守として信仰されてきた。祭神に女神を祀ることから、良縁祈願や夫婦円満を願う女性たちが訪れている。

鎌倉時代の正安2年(1300)、上野国赤城山の麓から牛込に移住した大胡彦太郎重治により創建。

幾度かの遷宮のあと、現在の場所に鎮座。神社は国立競技場の設計者隈研吾氏によって、和風モダンな社に変わり、境内にはカフェを併設しているが、なぜか拝殿の鈴緒の上に鰐口(わにぐち)(鈴)がついていないのが不思議。スフィンクスのような狛犬がユニークだ。

ご祭神
- 岩筒雄命(イワツツオノミコト)
- 赤城姫命(アカギヒメノミコト)

[DATA]
- 赤城神社
- 東京都新宿区赤城元町1-10
- 東京メトロ東西線「神楽坂」徒歩駅1分、都営地下鉄大江戸線「神楽坂」駅徒歩6分
- 牛込の氏神様
- 良縁祈願、学業成就、厄除、他
- 例祭(9月19日)
- ご朱印あり
- 社務所(授与所) 9:00〜17:00
- akagi-jinja.jp

新宿区

新宿 花園神社
はなぞのじんじゃ

酉の市に60万人も訪れる、内藤新宿の氏神様

歌舞伎町、ゴールデン街近くに鎮座する、新宿の総鎮守として有名な花園神社。広々とした境内が気持ち良く、朱色の壮麗な社殿が美しい。

創建は徳川家康の武蔵入国の天正18年（1590）以前で、大和吉野山からご祭神が勧請されたという。寛永年中以前は三越伊勢丹デパート付近に鎮座していたが、移転した現在の社地が元尾州徳川家の花園であったとの伝承から、花園神社と号する。

60万人も訪れる酉の市は盛大で、歳末に欠かせない風物詩になっている。境内末社の芸能浅間神社には、芸能人が多く参拝に訪れている。

ご祭神
倉稲魂命（ウカノミタマノミコト）　日本武尊（ヤマトタケルノミコト）
受持神（ウケモチノカミ）

[DATA]
- 花園神社
- 東京都新宿区 5-17-3
- JR山手線「新宿」駅徒歩7分
- 東京メトロ丸ノ内線「新宿三丁目」駅徒歩3分
- 新宿の総鎮守
- 商売繁盛、開運招福、芸事成就、他
- 例祭（5月28日に近い土・日）
- ご朱印あり
- 社務所（授与所）9:00～18:00（年中無休）
- www.hanazono-jinja.or.jp

境内には新宿に縁の深い演歌歌手、藤圭子の歌碑が建っている。

新宿十二社 熊野神社

高層ビルを背にして鎮座する、熊野三山のご神霊

新宿の高層ビル群を背にして建つ熊野神社。新宿西口公園に隣接する神社の境内には、新宿のにぎやかさが嘘のような静かな時間が流れている。

新宿・杉並の守り神として信仰された当社は、室町時代の応永年間（1394〜1428）、紀州出身の商人が故郷熊野三山の若一王子と十二権現を勧請。以来、十二社が地名に。徳川八代将軍吉宗も鷹狩の途中に参拝。当時は境内に滝と池があって景勝地として知られ、付近は料亭、茶屋が並ぶ花街として栄えた。

例祭の時期には、新宿駅西口周辺は提灯飾りで埋め尽くされる。

ご祭神
櫛御気野神（クシミケヌノミコト）
伊邪那美神（イザナミノカミ）

[DATA]
- 熊野神社
- 東京都新宿区西新宿2-11-2
- JR「新宿」駅よりバス5分、都営大江戸線「西新宿五丁目」駅徒歩4分
- 副都心に鎮座する熊野の神
- 例大祭（9月の第3土・日）
- ご朱印あり
- 社務所（授与所）9:00〜17:00
- 12so-kumanojinja.jp

新宿区

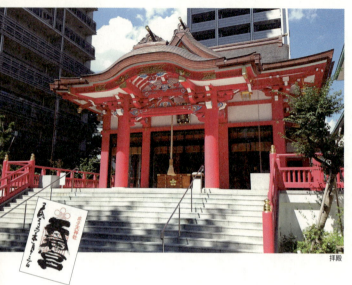

拝殿

成子天神社(なるこてんじんじゃ)

西新宿の高層ビル街を見守る、春日局(かすがのつぼね)由来の学問の神様

西新宿副都心の高層ビル街に近く、青梅街道そばに千百年鎮座する社は学問の神様・菅原道真公を祀っていて、境内の緑に映える朱色の鳥居、社殿がまばゆい。

創建は古く、平安時代の延喜3年(903)、九州大宰府で菅原道真公が亡くなったのち、家臣が公の生前に彫られた像を当地に安置。徳川三代将軍家光の乳母、春日局が大宰府天満宮を勧請して社殿を造営。

周囲が高層ビル街に変わった現在も地元の人々の信仰を集め、合格祈願の受験生が訪れる。本殿に至る参道が長い。

[DATA]
- 成子天神社
- 東京都新宿区西新宿 8-14-10
- 東京メトロ丸ノ内線「西新宿」駅徒歩3分
- 1100年の歴史がある学問の神様
- 学問成就、厄除、他
- 例祭(9月25日)
- ご朱印あり
- 社務所(授与所) 9:00～17:00
- naruko-t.org

ご祭神
スガワラノミチザネコウ
菅原道真公

皆中稲荷神社

新大久保に鎮座する、徳川鉄砲隊ゆかりの開運お稲荷さん

アジアタウンとしてにぎわう新大久保界隈。駅から1分、一歩横道を入り鳥居をくぐると、目の前に新宿とは思えない静かな異空間が広がっている。

江戸時代の地名・百人町に鎮座する神社は、室町時代の天文2年(1533)創建。この場所は徳川直参の「鉄砲隊」駐屯地で、ご祭神の神啓を受けた一人の武士が射撃で「百発百中」させ、他の武士も参詣したところ皆的中したため、「みなあたる」、皆中神社と称するようになった。

江戸期は富くじ、今では宝くじ、株、馬券、合格など"当てたい"人たちの聖地になっている。

ご祭神
倉稲之魂之大神命 (ウカノミタマノオオカミ)
伊邪那岐大神 (イザナギノオオカミ) 邪那美大神 (イザナミノオオカミ)
その他2柱

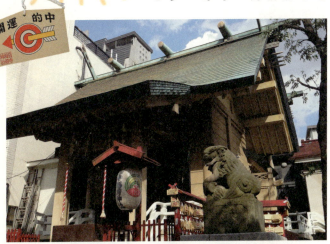

[DATA]
- 皆中稲荷神社
- 東京都新宿区百人町1-11-16
- JR山手線「新大久保」駅徒歩1分
- 徳川鉄砲隊ゆかりのお稲荷さん
- 開運的中、商売繁盛、心願成就、他
- 例祭(9月26〜27日、数寄年に「鉄砲組百人隊行列」あり)
- ご朱印あり
- 社務所(授与所)9:00〜17:00
- kaichuinari-jinja.or.jp

新宿区

新宿下落合 氷川神社

「女体の宮」と呼ばれて敬(うやま)われる、新宿下落合の神様

西武新宿線の車窓からよく見える下落合氷川神社は、下落合の駅から徒歩5分の住宅街にひっそりと鎮座している。木々に囲まれた境内は静寂で心が洗われる。

社伝によれば、創建は古代の第五代孝昭天皇の御代という。『江戸名所図会』によれば、当時は氷川明神社と呼ばれ、広い境内を有していた。

近隣の豊島区高田の氷川神社の祭神が素盞嗚命で「男体の宮」と称されたのに対して、氷川神社の祭神が妻の奇稲田姫命だったので「女体の宮」と呼ばれ、二つ合わせて「夫婦の宮」と称された。

ご祭神
素盞嗚命(スサノオノミコト)　奇稲田姫命(クシナダヒメノミコト)
大己貴命(オオナムチノミコト)

[DATA]
- 氷川神社
- 東京都新宿区下落合2-7-12
- 西武新宿線「下落合」駅徒歩5分、JR山手線「目白」駅徒歩10分
- 下落合の鎮守様
- 厄除け、縁結び、商売繁盛、他
- 例祭(9月10~11日)
- ご朱印あり
- 社務所(授与所) 9:00~17:00
- shinjyuku-hikawa.jp

新宿区

早稲田 穴八幡宮

「一陽来復」のお札が評判の、早稲田の総鎮守

早稲田通りを見下ろす高台に鎮座する穴八幡宮。冬至の日から節分までの2ヶ月間、当社で配られる「一陽来復」のお札の人気が高く、初日には朝5時から長い行列ができる。江戸時代は蟲封じの祈祷が評判で庶民に篤く信仰された。

由緒によれば、平安時代中期の康平5年(1062)、奥州から凱旋途中の源義家が勝利のお礼に太刀と兜を納め、八幡神を祭祀。江戸時代に山裾の横穴から金銅のご神像が現れ、以来、穴神社と称した。穴は「神穴」と呼ばれ、今でも社殿に祀られている。体育の日には流鏑馬神事が行われる。

[DATA]

- 穴八幡宮
- 東京都新宿区西早稲田 2-1-11
- 東京メトロ東西線「早稲田」駅徒歩3分、都営バス学 02、早 77、早 81 系統「馬場下町」徒歩5分
- 早稲田の総鎮守
- 蟲封じ、病気平癒、商売繁盛、他
- 例祭(9月15日)
- ご朱印あり
- 社務所(授与所)9:00〜17:00
- tokyo-jinjacho.or.jp

ご祭神

応神天皇(オウジンテンノウ) **仲哀天皇**(チュウアイテンノウ)
神功皇后(ジングウコウゴウ)

※「江戸八所八幡宮」の一社 (175頁)

新宿区

葛谷御霊神社
（くずのやごりょうじんじゃ）

遠く平安時代から続く、八幡神を祀る西落合（やおち）の社

落合の哲学堂公園に隣接する葛谷御霊神社。ご祭神は八幡神で、いわゆる"怨霊信仰"に関係があるわけではない。「くずのやごりょうじんじゃ」と読む当社は、平安時代の寛治年間（1087〜1094）、東征の帰途、源義家に従っていた、京都桂（葛）の里の一族が当地に住み着き、一帯を葛ヶ谷と呼ぶ。その際に八幡社が勧請されたと伝えられる。

今も1月13日に行われる備謝祭（びしゃまつり）は、中世末から行われた、弓を射て豊作を祈る神事。神文（神社のマーク）は「葛の葉に三つ巴」で、旧地名葛ヶ谷にちなんでいる。

境内にはイボを取ってくれるという「疣天神」がある。

ご祭神
- 誉田別尊（応神天皇）（ホンダワケノミコト）
- 気長足姫尊（神功皇后）（オキナガタラシヒメ）
- 仁徳天皇（仁徳天皇）（ニントクテンノウ）
- 武内宿禰（タケウチノスクネ）

[DATA]
- 御霊神社
- 東京都新宿区西落合2-17-17
- 西武新宿線「新井薬師」駅徒歩6分
- 備謝祭（流鏑馬）が行われるお宮
- 出世開運、健康長寿、子孫繁栄、他
- 例祭（9月第1土曜日）
- ご朱印あり
- 社務所（授与所）9:00〜17:00
- tokyo-jinjacho.or.jp

新宿区

鎧神社 (よろい じんじゃ)

悲劇のヒーロー、平将門由来の北新宿の氏神様

悲劇のヒーロー、平将門伝説は各地に残るが、東中野と大久保の間に鎮座する当社もその一つ。将門の兜が埋められているという。住宅街に建つ神社の石の鳥居をくぐると、広い境内が広がっている。

社伝によれば、日本武尊が東征の際、甲冑をこの地に埋めたとされる。また一説には、平将門が下総猿島に亡んだ平安時代中期の天暦（947～57）頃、将門の鎧が埋められたと語られている。

江戸期までは鎧大明神と称し、北新宿の氏神様として崇められていた。歴史を知って社殿で手を合わせれば、長い歴史と悠久の時を感じる。

[DATA]
- 鎧神社
- 東京都新宿区北新宿 3-16-18
- JR 山手線「大久保」駅徒歩 11 分、JR 総武線・都営大江戸線「東中野」駅徒歩 14 分
- 平将門伝説が残る神社
- 商売繁盛、開運招福、厄除け、他
- 例祭（9 月 15 ～ 16 日）
- ご朱印あり
- 社務所 (授与所) 9:00 ～ 17:00
- yoroi.or.jp

ご祭神
日本武尊（ヤマトタケルノミコト）　大己貴命（オオナムチノミコト）
少彦名命（スクナヒコナノミコト）　平将門公（タイラノマサカドコウ）

拝殿

豊島区

駒込 妙義神社(こまごめ みょうぎじんじゃ)

桜と勝運祈願で知られた、豊島区一番の古社

豊島区で最も古いといわれる社は、駒込駅から数分の地に鎮座している。春は境内を埋め尽くす桜の花が美しく、参詣客でにぎわう。

創始は古く、日本武尊が東征の際この地に陣を構えたと伝わる。その後、飛鳥時代の白雉2年（651）、社殿が創建され、白鳥社と号した。

戦国時代初期の文明3年（1471）、太田道灌が戦勝を祈って宝剣を奉納したことから、勝負の神として信仰され、シンプルな「勝守り」は人気が高い。

夜になると、参道と境内に掲げられたたくさんの提灯に火が入り（ライトアップ）、幻想的な雰囲気になる。

[DATA]
- 妙義神社
- 東京都豊島区駒込3-16-16
- JR山手線「駒込」駅徒歩4分
- 東京メトロ南北線「駒込」駅3分
- 勝負の神様
- 勝運、出世開運、心願成就、他
- 例祭（9月の第3土、日）
- ご朱印あり
- 社務所（授与所）9:00～17:00
- myogi.tokyo

ご祭神
ヤマトタケルノミコト
日本武尊
タカミムスビノカミ　ジングウコウゴウ
高御産霊神　神功皇后
オウジンテンノウ
応神天皇

豊島区

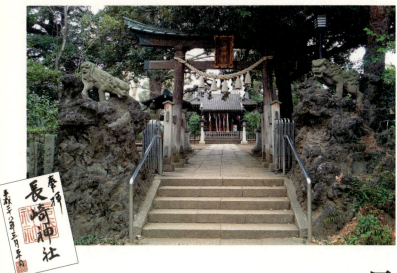

長崎神社

椎名町にひっそりと鎮座する、昔ながらの鎮守様

椎名町駅に近く、閑静な住宅街に鎮座する社は、うっそうとした木々に守られてひっそりと建っている。二の鳥居の奥に古い趣のある拝殿が見え、境内は広い。

創始は不明だが、古くから豊島郡長崎村の鎮守で、江戸時代中期には十羅刹女社といわれていた。その後、須佐之男命を合祀。明治7年長崎神社と改称している。

毎年5月の例祭に奉納される「長崎獅子舞」は、江戸元禄年間から伝わり、豊島区の無形文化財。神社から1キロメートルの場所に漫画の聖地「トキワ荘」跡がある。

十羅刹女（じゅうらせつにょ）……仏教世界の10人の女性鬼神。豊島区護国寺の鬼子母神はその1神。

ご祭神
須佐之男命 (スサノオノミコト)
櫛名田比売命 (クシナダヒメミコト)

[DATA]
- 長崎神社
- 東京都豊島区長崎1-9-4
- 西武池袋線「椎名町」駅徒歩2分
- 長崎獅子舞が有名
- 病気平癒、厄除け、開運招福、他
- 例祭（9月の第2日曜）
- ご朱印あり
- 社務所（授与所）9:00〜17:00
- tokyo-jinjacho.or.jp

豊島区

池袋 氷川神社
(いけぶくろ ひかわじんじゃ)

戦国時代に創建された、「池袋村」の氏神様

「池袋村」の氏神様として敬われてきた当社は、戦国時代の天正年間（1573〜1593）の創建と伝わり、その後、大宮氷川神社を勧請したとされる。下板橋駅から7分の地に鎮座して、秀吉、家康が鷹狩の途中に休憩したという。

永禄2年（1559）の小田原北条氏の記録には、当時既に「池袋」の名が見える。5メートルの富士塚があり、7月1日だけはお山開きで登れ、参道で開かれる朝顔市が、夏の風物詩として人々に愛されて

9月中旬に行われる例祭は盛大で、神輿や山車が、町内をにぎやかに練り歩く。

ご祭神
建速須佐之男命 (タケハヤスサノヲノミコト)
髙皇産靈神 (タカミムスヒノカミ)　**天照大御神** (アマテラスオオミカミ)
保食神 (ウケモチノカミ)　**木花咲耶姫命** (コノハナサクヤヒメノミコト)

[DATA]
- 氷川神社
- 東京都豊島区池袋本町3-14-1
- 東武東上線「下板橋」駅徒歩7分
- 池袋村の氏神様
- 厄除、商売繁盛、病気平癒、他
- 例祭（9月中旬の土、日）
- ご朱印あり
- 社務所（授与所）9:00〜17:00
- www015.upp.so-net.ne.jp/ikebukurohikawa

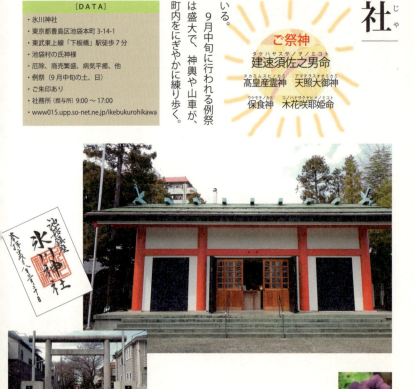

豊島区

池袋 御嶽神社 (いけぶくろ みたけじんじゃ)

戦災にも遭わなかった災難除の神社

ご祭神
倭建命（ワケイカズチノミコト）　神武天皇（ジンムテンノウ）
武甕槌命（タケミカズチノミコト）

古くから池袋西口一体の鎮守として敬われてきて、震災・戦災にも遭わず残った神社。池袋西口から北に向かい、池袋2丁目交差点から400メートルで到着。戦国期天正年間（1573〜1593）の起源といわれ、江戸中期の貞享4年（1687）に社殿が創建された。9月の例祭では西口駅前の「ふくろ祭り」と連動して、駅から神社まで神輿の巡幸が行われにぎわう。また、池袋の袋とフクロウの音が似ていることから、「苦労を除き（不苦労）福を呼び込む（福籠）ご神縁として、フクロウのお守りが人気になっている。

[DATA]
- 御嶽神社
- 東京都豊島区池袋 3-51-2
- JR山手線・東京メトロ丸ノ内線・西武線・東武線・東上線「池袋」駅西口徒歩12分程度
- 震災と戦災をまぬがれた、災難除の神社
- 災難除、勝運、厄除、他
- 例祭（9月第4土・日）
- ご朱印あり
- 社務所（授与所）9:00〜19:00頃
- mitakejinjya.p2.weblife.me

豊島区

大塚天祖神社(おおつかてんそじんじゃ)

"巣鴨村"の総鎮守／流れ造りの清々しい社殿が建つ、

駅から3分とは思えない静かさに包まれた天祖神社。大塚駅南口からすぐの場所にあり、樹齢600年、高さ30メートルのご神木、夫婦一対の大イチョウが迎えてくれる。

昔の巣鴨村（今の豊島区の半分）の総鎮守で、昭和40年代に区画整理で3分の1の広さになるまでは、神社の敷地は現在の数倍の広さだった。

鎌倉時代末の元亨年間、領主の豊島景村の頃に伊勢皇大神宮のご祭神をお迎えして祀ったことが、神社の始まりという。9月の例大祭には百基もの神輿が出てにぎわう。境内には、子どもに授乳している珍しい子育て狛犬があり、昔から女性の参拝者が多い。

ご祭神
天照大御神 (アマテラスオオミカミ)

[DATA]
- 天祖神社
- 東京都豊島区南大塚 3-49-1
- JR山手線・都電荒川線「大塚」駅徒歩3分、東京メトロ丸ノ内線「新大塚」駅徒歩7分
- 女性からの信仰が篤いお宮
- 縁結び、安産、夫婦円満、延命長寿、他
- 例祭（9月17日）
- ご朱印あり
- 社務所（授与所）9:00～17:00
- tensojinjya.com

高田総鎮守 氷川神社

成人の日に矢を射る神事、「御奉射祭」が行われる社

『江戸名所図会』にも、「高田姿見のはし俤の橋砂利場」として描かれている、高田・目白・雑司が谷・目白台一帯の総鎮守である氷川神社。

平安時代、清和天皇の御代である貞観年間にこの地に創建され、六歌仙の代表歌人、在原業平公も足繁く参拝されたと伝わる。

成人の日には矢を射る神事・御奉射祭。夏越大祓の茅の輪くぐり。9月10日の大祭と、季節ごとの神事が斎行されている。

「山吹の里氷川宮」と鎌倉・室町時代に尊称されたこと

にちなむ「山吹の絵馬」と、添印が毎月変わるご朱印を求めることができる。

[DATA]
- 氷川神社
- 東京都豊島区高田2-2-18
- JR山手線・東京メトロ東西線・西武新宿線「高田馬場」駅徒歩15分、東京メトロ副都心線「雑司が谷」駅徒歩10分、都電荒川線「面影橋」「学習院下」駅徒歩3分
- かつて「山吹の里 氷川宮」と呼ばれたお宮
- 諸願成就、開運厄除、他
- 例祭（9月10日）
- ご朱印あり
- 社務所（授与所）10:00～12:00 13:00～16:00 社務所 9:00～12:00 13:00～16:30
- takatasouchinjyu-hikawajinja.tokyo-jinjacho.or.jp

ご祭神
素盞嗚命（スサノオノミコト）　奇稲田姫命（クシイナダヒメノミコト）
大巳貴命（オオナムチノミコト）（大国主命）

拝殿

台東区

上野 東照宮

権現造りの拝殿

印籠守
葵紋の入った印籠型の開運御守

豪華な唐門

金色に輝く社殿が、徳川の栄華を今に伝える霊廟

ご祭神
徳川家康公（トクガワイエヤスコウ）　**徳川吉宗公**（トクガワヨシムネコウ）
徳川慶喜公（トクガワヨシノブコウ）

緑したたる上野公園に鎮座して、徳川264年の栄華と江戸の面影を残す、徳川三代を祀る神社。動物園や博物館・美術館、花見で公園を訪れる人は多いが、東照宮を訪ねる人は少なく、ゆっくりと心ゆくまでお参りできる。

寛永4年（1622）、徳川家康公の遺言により、藤堂高虎と天海僧正によって創建された。正保3年（1646）に正式に宮号を授けられ、東照宮となった。金色殿とも呼ばれるほど金色に輝く、豪華絢爛な社殿・唐門は国の重要文化財になっている。また、境内の「ぼたん苑」に咲き乱れる500株以上の美しいぼたんの花が、ひととき心をいやしてくれる。

[DATA]
- 東照宮
- 東京都台東区上野公園9-88
- JR山手線・東京メトロ銀座線・京成線「上野」駅徒歩5分
- 黄金色に輝く社殿が美しい
- 長寿、出世、健康、勝利、他
- 例祭（なし）
- ご朱印あり
- 社務所（授与所）冬期9:00～16:30（10月～2月）
  　　　　　　　夏期9:00～17:30（3月～9月）
- www.uenotoshogu.com

台東区

下谷神社（したやじんじゃ）

―1300年の歴史を持つ、都内で最も古いお稲荷さん

ご祭神
大年神（オオトシノカミ）
日本武尊（ヤマトタケルノミコト）

上野駅、不忍池から徒歩圏内にある下谷神社は、奈良期初期の天平2年（730）創建の、千年以上の歴史と由緒のある神社。奈良時代に勧請された都内で最も古い稲荷明神で、商売や家内安全の神様といわれている。銀座線の駅名「稲荷町」はこの稲荷明神に由来するとか。

下町で一番早い夏祭り「下谷神社大祭」は、上野・浅草に夏の訪れを告げる祭りとして、毎年多くの人が心待ちにしている。

朱の大鳥居をくぐると、戦災にも遭わず焼け残った壮麗な社が迎えてくれ、横山大観が描いた拝殿天井の龍の絵は一見の価値がある。

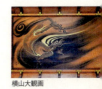
横山大観画

[DATA]
- 下谷神社
- 東京都台東区東上野3-29-8
- JR山手線「上野」駅徒歩6分、東京メトロ銀座線「稲荷町」駅徒歩2分
- 東京で最も古いお稲荷さん
- 商売繁盛、家内安全、他
- 例祭（5月8日）
- ご朱印あり（毎月1日は限定のご朱印）
- 社務所（授与所）9:00〜16:30
- shitayajinja.or.jp

台東区

小野照崎神社(おのてるさきじんじゃ)

芸能・学問の神様
渥美清が"タバコ"断ちの願掛けをした、

東京の下町入谷に鎮座して、落ち着いた雰囲気がただよう社は、境内の大イチョウの落ち葉が美しく、秋の陽に映えている。

平安初期の学者で歌人・小野篁(おののたかむら)公をご祭神とし、同時に菅原道真公も祀る芸能・学問の神様で、江戸庶民に親しく信仰されてきた。

入谷で暮らした樋口一葉の『たけくらべ』に「小野照さま」の名で出てくる。

また、俳優渥美清が無名時代に「一生タバコ吸いませんので、仕事を下さい」と願掛けすると、直後に映画『男はつらいよ』の主演に抜擢。以後、彼は生涯タバコを吸わなかった、というエピソードが残っている。

ご祭神
小野篁命(オノタカムラノミコト)
菅原道真公(スガワラノミチザネコウ)

[DATA]
・小野照崎神社
・東京都台東区下谷 2-13-14
・東京メトロ日比谷線「入谷」駅徒歩 2 分、JR 山手線「鶯谷」駅徒歩 7 分
・入谷に鎮座する芸能・学問のお宮
・学業成就、芸能上達、仕事運向上
・例祭(5 月 19 日に近い土、日)
・ご朱印あり
・社務所(授与所) 9:00 ~ 16:00
・onoteru.or.jp

※「江戸八富士」の一社 (175 頁)

今戸神社(いまどじんじゃ)

招き猫の置き物が並ぶ、浅草のお宮

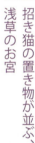

浅草の隅田川にほど近く、今戸一丁目に鎮座する当社は、招き猫と縁結びの神様として良縁を求める参詣人が多い。

由緒によれば、平安時代後期の康平6年(1063)、源頼義・義家親子が奥州討伐の際、京都の石清水八幡宮を当地に勧請し、祈願したのが始まりとされる。以後、今戸八幡と呼ばれていたが、のちに今戸神社と号した。「浅草七福神」の一社で、福禄寿を祀っている。

社殿や境内に招き猫の置物が並び、猫好きにはうれしい。「縁結び会」が不定期に開かれ、境内には新撰組沖田総司の碑がある。

ご祭神

応神天皇(オウジンテンノウ)　伊弉諾尊(イザナギノミコト)
伊弉冉尊(イザナミノミコト)　福禄寿(フクロクジュ)

[DATA]
- 今戸神社
- 東京都台東区今戸 1-5-22
- 東京メトロ銀座線、東武伊勢崎線「浅草」駅徒歩 15 分
- 招き猫と縁結びの神社
- 縁結び、開運招福、心願成就、他
- 例祭(6月の第1土、日)
- ご朱印あり
- 社務所(授与所)9:00 ～ 17:00
- members2.jcom.home.ne.jp/imadojinja

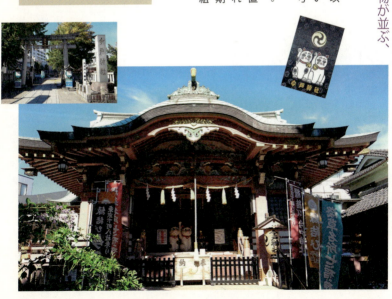

台東区

鳥越神社(とりこえじんじゃ)

1300年以上の歴史を誇り、千貫神輿で知られる浅草の古社

江戸っ子の心意気を伝える浅草三社祭で名高い、「浅草三社」の一社。

飛鳥時代の白雉2年(651)、日本武尊を祀り白鳥神社と称したのに始まる、1300年の歴史を持つ古社。その後、源義家が鳥越神社と改め、現在に至っている。

6月の例祭・鳥越祭に出る千貫神輿は都内一の重さを誇る。日曜日、氏子たちが大神輿を担いで町内を練り歩き、夕刻、神輿の弓張提灯・町内ごとの高張り提灯に火が入ると、「鳥越の夜祭り」と呼ばれる、幻想的な宮入道中がくり広げられる。1月8日の「どんと焼き」も有名。

ご祭神
ヤマトタケルノミコト
日本武尊
アメノコヤネノミコト
天児屋根命
トウショウグウコウ
東照宮公

[DATA]
- 鳥越神社
- 東京都台東区鳥越2-4-1
- 都営地下鉄浅草線「蔵前」駅徒歩5分、JR総武線「浅草橋」駅徒歩8分
- 千貫神輿で有名な古社
- 諸願成就、子育て、出世開運、他
- 例祭(6月9日)、どんと焼(1月8日)
- ご朱印あり(鳥越祭のご朱印あり)
- 社務所(授与所) 9:00〜16:00
- www004.upp.so-net.ne.jp/kab_ra

夜祭と「どんと焼き」

台東区

藏前神社
(くらまえじんじゃ)

大相撲が行われた、江戸三大相撲興業の地

蔵前駅から徒歩2分の神社は、回向院、富岡八幡宮とともに、江戸三大大相撲興行の地として名高い。

元禄6年（1693）、徳川五代将軍綱吉が、京都の石清水八幡宮を勧請し、江戸城鬼門除けの守護神として祀ったのが始まりという。徳川将軍家祈願所の一社として、江戸時代には篤い崇敬を受けていた。

境内はていねいに掃き清められ清々しい。

いにしえから勝利・戦いの神として、源氏をはじめ多くの武将に信仰されてきた、京都石清水八幡宮。ここ一番！というときに祈願するといいかもしれない。

ご祭神

- 誉田別天皇（ホンダワケノスメラミコト）
- 息長足姫命（オキナガタラシヒメノミコト）
- 姫大神（ヒメノオオカミ）
- 倉稲魂命（ウカノミタマノミコト）
- 菅原道真公（スガワラミチザネコウ）
- 塩土翁命（シオツチノオキナノミコト）

[DATA]

- 藏前神社
- 東京都台東区蔵前 3-14-11
- 都営地下鉄大江戸線・浅草線「蔵前」駅徒歩5分
- 江戸城鬼門除の守護神
- 厄除開運、家内安全、商売繁盛、他
- 例祭（6月の第1土・日）
- ご朱印あり（対応が丁寧）
- 社務所（授与所）9:00 ～ 17:00
- kuramaejinja.justhpbs.jp

台東区

秋葉神社(あきばじんじゃ)

"秋葉原"の名前の由来になった、鎮火の神様

静かな住宅街の中にあるこの神社が、今や世界的に有名な"アキバ"(秋葉原)の名前の始まりだという。

明治2年(1869)、東京で火災が頻発したのを受けて、明治天皇の命により東京一円の火災鎮護の祈願所として、今の秋葉原に『鎮火神社』の名で建立されたのが当社の始まり。

火伏せの神様として人々から「秋葉様」「秋葉さん」と敬われていたが、その後鉄道駅建設のため、神社は入谷に遷座され、『秋葉の原』『秋葉が原』と親しまれた地に建てられた駅は、秋葉原という名が残された。こうして、今でもこの周辺はアキバの地名で親しまれている。

ご祭神
ホムスビノオオカミ
火産霊大神
ミズハノメノカミ
水波能売神
ハニヤマビメノカミ
埴山比売神

[DATA]
- 秋葉神社
- 東京都台東区松が谷 3-10-7
- 東京メトロ日比谷線「入谷」駅徒歩5分、銀座線「稲荷町」駅徒歩8分
- 「秋葉原」の地名の起こりの神社
- 例祭(11月6日 鎮火祭火渡り神事)
- ご朱印あり
- 社務所(授与所)のベルを鳴らす
- genbu.net/data/musasi/akiba_title.htm

鎮火祭、火渡り神事

洲崎神社

伏せた姿勢の狛犬が出迎える、海辺、木場のお宮

地下鉄東西線木場駅近くに鎮座する当社は、「津波警告の碑」が建つほど江戸時代は海岸線にあって、「洲崎弁財天」として親しまれてきた。

江戸時代の元禄13年(1700)、5代将軍徳川綱吉の生母・桂昌院が、江戸城内の弁財天・稲荷社を当地に遷座。当時、神社は海岸近くの島にあり風光明媚だったので、作家画家などが訪れ、その後江戸庶民の行楽の名所となった。

朱色の鳥居をくぐり長い参道を進むと、重厚感のある社殿が見えてきて、珍しい伏せた姿勢の狛犬が参拝者を迎えてくれる。

ご祭神
市杵島比売命
イチキシマヒメノミコト

[DATA]
- 洲崎神社
- 東京都江東区木場 6-13-13
- 東京メトロ東西線「木場」駅 徒歩2分
- 洲崎の弁天様
- 航海安全、漁業安全、他
- ご朱印あり
- 例祭(8月3日)
- 社務所(授与所) 9:00〜17:00
- tokyo-jinjacho.or.jp

江東区

富岡八幡宮(とみおかはちまんぐう)

下町、門前仲町に鎮座する、深川の八幡様

ご神木や鳩をモチーフにした根付が、縁結びのお守りとして人気。また、正月に授与される「白羽の矢」は「開運吉事の当たり矢」と呼ばれ、開運・除災招福にご利益があるという。

ご祭神
オウジンテンノウ
応神天皇
他8柱

江東区

江戸時代より、「深川の八幡様」として親しまれてきた、門前仲町の富岡八幡宮。鎮座する門前仲町は、江戸随一の門前町として栄えた。江戸前期の寛永4年(1627)、八幡神の神託を受けた長盛法印によって、当時永代島と呼ばれていた現在の場所に創建されたといわれる。徳川将軍家からも深く信仰され、手厚い庇護を受けてきた。

江戸勧進相撲発祥の地でもあり、境内では本場所も開かれた。境内には横綱力士碑をはじめ、相撲にまつわる数々の石碑が建つ。8月15日前後に行われる「深川八幡祭り」は江戸三大祭の一つとして名高く、江戸庶民を熱狂させてきた。

江戸時代には、祭り見物で隅田川を渡るため群衆が永代橋に押し寄せ、死者・行方不明者1500人ともいわれる、「永代橋崩壊事故」が起きている。一の宮神輿は日本最大とされ、あまりの大きさに1回しか渡御が行われていない。毎月1・15・28日には境内で縁日が開かれる。

本殿の後ろには水を放ち、火を消したという伝説の一対のご神木（イチョウ）が立つ。

日本最大の一宮お神輿

[DATA]
- 富岡八幡宮
- 東京都江東区富岡 1-20-3
- 東京メトロ東西線・都営大江戸線「門前仲町」駅徒歩3分
- 江戸最大の八幡様
- 開運厄除、金運向上、勝負事必勝、他
- 祭礼（8月15日前後の深川八幡祭）
- ご朱印あり（神輿の絵印が押される）
- 社務所（授与所）9:00～17:00
- tomiokahachimangu.or.jp

※「江戸三大祭」「東京十社」「江戸八所八幡宮」の一社（174～175頁）

江東区

亀戸天神社（かめいどてんじんしゃ）

東京一、藤の花が美しい、
北斎も描いた、菅公（かんこう）を祀るお宮

学問の神様、菅原道真公を祭った神社の中でも、この「亀戸天神社」は由緒正しい歴史を持っている。

江戸時代の寛文2年（1622）、大宰府天満宮の神官で菅原公の末裔、大鳥居信祐が、道真公ゆかりの飛梅（とびうめ）の木で道真公の像を彫り、この地に祀ったという。広い境内に、大宰府天満宮を模した社殿・回廊・太鼓橋・心字池が設けられ、見事な景観を見せている。花の神社としても名高く、梅・藤・菊と目を楽しませてくれるが、中でも藤は東京一と人気が高い。葛飾北斎が神社を『かめゐど天神たいこばし』として描いている。

ご祭神
天満大神（テンマンオオカミ）
天菩日命（アメノホヒノミコト）

[DATA]
- 亀戸天神社
- 東京都江東区亀戸 3-6-1
- JR総武線「亀戸」駅徒歩15分
- JR総武線・東京メトロ半蔵門線「錦糸町」駅徒歩15分
- 藤の花が美しい下町の天神様
- 学業成就、芸能上達、安産、他
- 例祭（8月25日）
- ご朱印あり
- 社務所（授与所）9:00〜17:00
- kameidotenjin.or.jp

江東区

猿江神社 (さるえじんじゃ)

「猿江」の地名の元になった、緑に囲まれた氏神様

「猿江のお稲荷さん」として長く親しまれてきた当社は、千年以上の歴史に彩られている。

伝承によれば、平安時代後期の康平年間(1058〜1065年)、武士の遺体が当地の入江に漂着し、鎧には源頼義の臣「猿藤太(さるのとうた)」とあった。村人が境内に塚を建てて葬ったところ、豊漁が続くことから「猿藤太」の頭文字「猿」と入江の「江」を合わせ、猿江稲荷と称し、この地の守護神として崇敬したという。その後、猿江神社に改称。緑が少ない土地にあって、境内の木々の緑が人々に安らぎを与えてくれる。

ご祭神
日本武尊(ヤマトタケルノミコト)
天児屋根命(アメノコヤネノミコト)

[DATA]
- 猿江神社
- 東京都江東区猿江 2-2-17
- 東京メトロ半蔵門線・都営新宿線「住吉」駅徒歩3分
- 地名の元となった氏神様
- 開運招福、勝運、商売繁盛、他
- 例祭(8月14日、3年に1度大祭)
- ご朱印あり
- 社務所(授与所) 9:00〜17:00
- homepage3.nifty.com/saruejinjya

東大島神社(ひがしおおじまじんじゃ)

5つの鎮守が合併して創建された氏神様

濃い緑が影を落とす境内に、華麗な社殿が鎮座する東大島神社。当社は東大島地区5つの鎮守が合併して創建されたものである。

江戸時代から小名木川周辺の村々には鎮守があって、信仰されてきた。しかし、太平洋戦争で焼失。そこで昭和24年に5社が一つの神社・東大島神社として誕生し、社は5社のほぼ中心の場所に置かれている。

例祭は下町らしく盛大で、4年に一度の大祭には大神輿が担がれ、町内を練り歩く。宮司が馬で進み、山車、露店、納涼踊りと、東大島町内挙げての祭礼が行われ、夏の3日間にぎわう。

ご祭神
- 天照皇大神（アマテラスオオミカミ）
- 牛島大神（ウシジマノオオミカミ）
- 稲荷大神（イナリノオオカミ）

[DATA]
- 東大島神社
- 東京都江東区大島7-24-1
- 都営地下鉄新宿線「東大島」駅徒歩7分
- 開運招福、商売繁盛、厄除、他
- 例祭（8月の第1金、土、日曜）
- ご朱印あり
- 社務所（授与所）9:00～17:00
- www7b.biglobe.ne.jp/~higashioojimajinja

墨田区

白鬚神社
しらひげじんじゃ

スカイツリーを見上げながら訪ねてみたい、「隅田川七福神」の一社

初詣風景

ご祭神
サルタヒコノオオカミ
猿田彦大神

隅田川沿いにほぼ一直線に並ぶ「隅田川七福神」の一社。向島百花園、東京スカイツリーで有名な向島エリアにある。

今から千年ほど前の平安中期の天暦5年（951）、琵琶湖湖畔に鎮座する白鬚神社をご分霊勧請したことが始まり。ご祭神の猿田彦大神は、古事記や日本書紀に道案内の守り神、正しい方向を示す神と記されている。

このことから、お客を案内する先客万来、商売繁盛の信仰が生まれた。七福神巡りは全行程3キロ、3時間ほどかかる。お正月には初詣と合わせて、巡ってみると楽しい。

[DATA]
- 白鬚神社
- 東京都墨田区東向島 3-5-2
- 東武スカイツリーライン「東向島」駅徒歩8分
- 「隅田川七福神」の寿老神を祀る
- 旅立安全、交通安全、商売繁盛、延命長寿
- 例祭（6月上旬）
- ご朱印あり
- 社務所（授与所）9:00 ～ 16:00
- members2.jcom.home.ne.jp/sirahige/sirahige

※「隅田川七福神」の一社（175頁）

墨田区

牛嶋神社（うしじまじんじゃ）

スカイツリーの氏神様で、三つ鳥居が珍しい本所の総鎮守

「三つ鳥居」
鳥居が三つ組み合わされた形で、三神が降りてくるとされる。

浅草から徒歩10分、スカイツリーの地元に鎮座する牛嶋神社は、都内屈指の大きな社殿を誇っている。周りにビルがないせいか、スカイツリーが見える境内の空が広く、心地いい。

平安時代の貞観2年（860）、慈覚大師によって創建。以来「本所の総鎮守」として地域を見守ってきた。社号の由来は、奈良時代から当地は牛を飼う朝廷の御料牧場で、地名が牛嶋だったことから。当社の「三ツ鳥居」は大変珍しく奈良大神神社、秩父三峯神社など、全国7つの神社にしかない。また社号にちなむ「撫（な）で牛」の像が人気。桜の名所。

ご祭神
天之穂日命（アメノホヒノミコト）　須佐之男命（スサノオノミコト）
貞辰親王命（サダトキノウノミコト）

[DATA]
- 牛嶋神社
- 東京都墨田区向島1-4-5
- 都営浅草線「本所吾妻橋」駅徒歩3分
- 大社殿・総檜権現造りの本所総鎮守
- 病気平癒、子育て、健康長寿、他
- 例祭（9月5日）
- ご朱印あり
- 社務所（授与所）9:00～17:00
- tokyo-jinjacho.or.jp

三圍（囲）神社 （みめぐりじんじゃ）

「隅田川七福神」の一社で、初詣スタートの神社

浅草の言問橋近く、隅田川の東岸に鎮座する当社は、「隅田」という社名になったという。神社は江戸時代、隅田川の土手に咲く花見の拠点としてにぎわった。

弘法大師が祀った田中稲荷が起源で、南北朝の文和年間（1352〜56）社殿改築の際、白狐にまたがる老翁の像が出土。その像の周りを白狐が三度回って消えたという縁起から「三囲」という社名になったと伝えられている。

また社が、"三越呉服店"のある日本橋から鬼門に当たり、三囲の「囲」の字が井を囲んでいることから鬼門除けの神として敬われ、三井の守護神社となった。「隅田川七福神」の一社。

ご祭神
宇迦御魂之命（ウガノミタマノミコト）
恵比寿神（エビスシン）　大黒神（ダイコクシン）

[DATA]
- 三圍神社
- 東京都墨田区向島 2-5-17
- 東京メトロ銀座線「浅草」駅徒歩 13 分
- 「墨田川七福神」巡りスタートの社
- 商売繁盛、厄除け、開運、他
- 祭礼（4月上旬）
- ご朱印あり
- 社務所（授与所）9:00〜17:00
- tokyo-jinjacho.or.jp

※「隅田川七福神」の一社（175 頁）

「三越ライオン像」
三越デパートの屋上には必ず当社の摂社があり（34頁）、池袋三越が閉店した際に入り口のライオン像が寄贈され、神社を守っている。

墨田区

隅田 稲荷神社
(すみだ いなりじんじゃ)

隅田川のそばに鎮座する、濃い緑に守られたお稲荷さん

隅田川のそばに鎮座する隅田稲荷神社は、このあたりを開拓した江川善左衛門が室町時代の天文年間(1532〜1555)に創建したと伝わっている。

その後、五代目江川善左衛門が伊勢神宮参詣の際、さまざまな厄災を8人の僧によって救われたことから、御礼のために当社を再建し、八幡稲荷と称していた。同社は万燈神輿(弓張り提灯)で神輿の周囲を飾っている発祥のお宮として知られている。

ご祭神
宇迦御魂之命
(ウカノミタマノミコト)

[DATA]
- 稲荷神社
- 東京都隅田区墨田 4-38-13
- 東武伊勢崎線「鐘ガ淵」駅徒歩7分、京成線「八広」駅徒歩10分
- 万燈神輿発祥のお稲荷さん
- 商売繁盛、開運招福、他
- 例祭(6月の第2土・日)
- ご朱印あり
- 社務所(授与所) 要電話：03-3611-3089
- tokyo-jinjacho.or.jp

尾久八幡神社

— 都電荒川線にゆられて訪ねる、尾久の総鎮守

都電荒川線にゆられて訪ねる尾久八幡神社は、「宮ノ前」電停正面に鎮座している。社殿には時を超えた厳かな雰囲気があり、境内はきれいに掃き清められていて清々しい。

創建は不明だが、神社に残る棟木から南北朝時代の至徳2年（1385）の社殿造営という。その後、鎌倉期末以降に鎌倉八幡宮が分祀されたという。

8月の例祭で練り歩く神輿のすぐ脇を、荒川線が走り抜ける様子はここならではの風景。ご朱印受付は社務所だが、いただくのは拝殿というのが珍しい。

ご祭神
応神天皇（オウジンテンノウ）

[DATA]
- 八幡神社
- 東京都荒川区西尾久 3-7-3
- JR 山手線「田端」駅徒歩 15 分、日暮里舎人ライナー「熊野前」電停から 400 メートル、都電荒川線「宮ノ前」電停駅 0 分
- 尾久の総鎮守
- 厄除、開運招福、心願成就、他
- 例祭（8 月の第 1 土・日）
- ご朱印あり
- 社務所（授与所）9:00 〜 17:00
- tokyo-jinjacho.or.jp

荒川区

素盞雄神社(すさのおじんじゃ)

疫病除けの神様として崇(あが)められ、芭蕉も詣でた南千住の神社

松尾芭蕉が「奥の細道」旅立ちに際し、旅の無事を祈って参拝したという素盞雄神社。

荒川区内で最も広い氏子区域を持ち、天照大神の弟神で、八岐大蛇(やまたのおろち)を退治した素盞雄大神と飛鳥大神を祀る同社は、地元では「てんおう様」と呼ばれて親しまれてきた。

由緒によれば創建は平安時代の延暦14年(795)。古くから疫病除けで知られ、江戸末期、江戸にコレラが流行したときは「疫除守」を求めて人々が押し寄せた。例祭は盛大で、3年に1度の本祭りには、東京では珍しい二天棒神輿が練り歩く。境内には芭蕉「奥の細道」旅立ちの記念碑が建つ。

ご祭神
素盞雄大神(スサノオノオオミカミ)
飛鳥大神(アスカノオオミカミ)

[DATA]
- 素盞雄神社
- 東京都荒川区南千住6-60-1
- JR常磐線・つくばエキスプレス・東京メトロ日比谷線「南千住」駅各徒歩8分、京成線「千住大橋」駅徒歩8分
- 1200年の歴史ある災厄除けの神様
- 災厄除、病気平癒、家内安全、他
- 例祭(6月2〜3日)
- ご朱印あり
- 社務所(授与所)9:00〜17:00
- www.susanoo.or.jp

荒川区

南千住 石浜神社（みなみせんじゅ いしはまじんじゃ）

白髭橋のたもとに建つ、奈良時代創建のお宮

隅田川、白髭橋のたもとに鎮座する石浜（石濱）神社は1292年もの歴史がある。地元では「神明さん」と親しまれ、『江戸名所図会』にも描かれた社殿は風格があり、厳かな雰囲気がただよう。

社伝によれば創建は奈良時代の亀神元年（724）。聖武天皇の御世に勅願によって創祀され、源頼朝によって社殿を寄進。以来、関東の武士に篤く信仰されてきた。

江戸随一といわれた6月末の神事「夏越しの大祓」では茅の輪くぐりが行われる。境内には平安時代の歌人・在原業平の有名な歌、「名にし負わば いざ言問はむ 都鳥 我が思ふ人は ありやなしやと」の歌碑（おおはらい）が建っている。

ご祭神
アマテラスオオミカミ
天照御大神
トヨウケオオミカミ
豊受御大神

[DATA]
- 石浜神社
- 東京都荒川区南千住 3-28-58
- JR 常磐線・東京メトロ日比谷線・つくばエクスプレス「南千住」駅各 15 分
- 1292 年の歴史あるお宮
- 病気平癒、諸願成就、厄除、他
- 例祭（5月末の土・日　本祭は隔年）
- ご朱印あり
- 社務所（授与所）9:00 〜 17:00
- ishihamajinja.jp

諏方神社(すわじんじゃ)

荒川区

江戸時代の景勝地に鎮座する谷中・日暮里の氏神様

現在、この表記の神社は全国に数社しかない。創建は鎌倉時代の元久2年(1202)、武将・豊島佐衛門尉経泰によって諏訪大社より勧請されたのが始まりという。

富士見坂の石段を上がると木々が茂り緑が多い境内に、風格のある社がひっそりとたたずんでいる。

「諏方」と書いて「すわ」と読ませる珍しい呼び名の諏方神社は、JR日暮里駅近くの富士見坂上に鎮座している。眺望がよく、江戸時代は"日暮の里"として人気の景勝地だった。

全国に数多くあるという長野諏訪大社の分社で、昔は多くの「すわ神社」が諏方の字を使っていたが、

ご祭神
建御名方命
タケミナカタノミコト

[DATA]
- 諏方神社
- 東京都荒川区西日暮里3-4-8
- JR山手線・東京メトロ千代田線「西日暮里」駅徒歩3分、「日暮里」駅徒歩7分
- 谷中・日暮里の総鎮守
- 心願成就、身体強健、良縁成就、他
- 祭礼(8月27〜28日 3年に1度本祭)
- ご朱印あり
- 社務所(授与所)9:00〜17:00
- suwajinja.s250.xrea.com

葛飾区

葛西神社

江戸祭囃子が始まった、葛西三十三郷の総鎮守

江戸祭囃子発祥の地として名高い葛西神社。社は鎮守の森の木立に囲まれて、その奥に壮麗な社殿が鎮座している。

平安時代末期の元暦2年（1185）、領主の葛西三郎清重が下総の香取神宮を勧請したのが始まりという。江戸時代は葛飾・江戸川全域、墨田・足立・江東の一部にまで及ぶ広大な地域の総鎮守だった。

将軍徳川吉宗の頃、太鼓や笛を敬神の和歌に合わせて音律を工夫したのが葛西囃子の始まりで、発展して江戸祭囃子となった。小林一茶の「草花に汁鍋けふる祭りかな」という句が残されている。

ご祭神
経津主神（フツヌシノカミ）　日本武尊（ヤマトタケルノミコト）
徳川家康命（トクガワイエヤスコウノミコト）

[DATA]
- 葛西神社
- 東京都葛飾区東金町6-10-5
- JR常磐線（千代田線）・京成電鉄「金町」駅徒歩10分
- 江戸祭囃子発祥の神社
- 芸能運、勝負事、金運、他
- 例祭（9月中旬）
- ご朱印あり
- 社務所（授与所）9:00～17:00
- kasaijinjya.world.coocan.jp

葛西囃子奉納風景

葛飾区

青砥神社（あおとじんじゃ）

室町時代から人々を見守ってきた、青戸の氏神様

葛飾区青砥に鎮座する当社は、室町時代の天正4年（1576）創始と伝えられる。初めは三社明神と称し、青砥村の総鎮守として敬われていた。ご祭神が多いのは、白山神社ほか5社を合祀したためである。

社殿は木々に囲まれて昔ながらの鎮守の杜（もり）の雰囲気がただよい、心が和む。神社の規模の割りには巫女さんが常駐していて、どことなくほっとする。

祭神には「滑川銭十文（なめかわぜにじゅうもん）」の故事で知られる、鎌倉時代の名判官・青砥藤綱が祀られている。例祭は神輿の町内渡御や神楽の奉納、露店が並び熱気が溢れる。

[DATA]
- 青砥神社
- 東京都葛飾区青砥 7-34-30
- 京成線「青砥」駅徒歩15分、青砥駅よりバス「青砥中央集い交流館」徒歩3分
- 青砥の氏神様
- 出世開運、商売繁盛、恋愛成就、他
- 例祭（9月）
- ご朱印あり
- 社務所（授与所）9:00～16:30
- aoto-jinja.com

ご祭神

伊邪那岐命（イザナギノミコト）
建御名方命（タケミナカタノカミ）　**倉稲魂命**（ウカノミタマノミコト）
猿田彦命　誉田別命　天満大神
高皇彦霊神　弥都波能売神

葛飾区

立石 熊野神社（たていし くまのじんじゃ）

都内で唯一、安倍晴明ゆかりの神社

京成線青砥駅近くの下町住宅街にたたずむ同社は、東京で唯一、陰陽師・安倍晴明ゆかりの神社として晴明ファンに知られている。鳥居をくぐると、同社のご神紋ヤタガラスがたくさん出迎えてくれる。

社伝によれば、創建は平安時代中期の長保年間（999～1003）、安倍晴明が陰陽五行説に基づき、三十間五角（一辺が5.5mの正五角形）の境内に古代の石剣をご神体として、紀州熊野の神を勧請したことからとされている。

フィギュアスケートの羽生結弦（はにゅうゆずる）選手が、世界選手権のプログラムのテーマ曲に「SEIMEI」を選んだことで、神社を訪れる羽生選手の女性ファンが増えているという。

ご祭神
伊邪那岐命（イザナギノミコト）
速玉男大神（ハヤタマオノオオミカミ）
事解雄大神（コトサカノオオカミ）

[DATA]
- 熊野神社
- 東京都葛飾区立石8-44-31
- 京成線「立石」「青砥」駅徒歩10分
- 安倍晴明ゆかりの神社
- 厄除、開運、縁結び、他
- 例祭（9月16日）
- ご朱印あり
- 社務所（授与所）9:00～16:00
- kumano-kids.com

葛飾区

亀有 香取神社

漫画『こち亀』に描かれた亀有の総鎮守

亀有駅から3分、うっそうとした木々が茂る鎮守の杜に守られた亀有香取神社。足腰の神「岐大神（クナドノオオカミ）」を祀ることから、中高年の参拝者を多く見かける。

鎌倉時代の建治2年（1276）、この地が香取大神宮の神領地だったことからご神霊を勧請。その後、鹿島（武甕槌大神（タケミカヅチノオオカミ））・息栖（岐大神）の両大神を祭祀。東国三社、三社明神の社として崇拝されてきた。

参道には漫画『こち亀』（略）の主人公・両津勘吉の像や「狛亀（こまがめ）」が並んでいる。神社は『こち亀』にもたびたび描かれ、亀有の人々に愛されてきた。

ご祭神
経津主大神（フツヌシノオオカミ）
武甕槌大神（タケミカヅチノオオカミ） 岐大神（クナドノオオカミ）

[DATA]
- 香取神社
- 東京都葛飾区亀有 3-42-24
- JR 常磐線「亀有」駅徒歩 3 分
- 漫画『こち亀』で有名な氏神様
- 勝負事、開運厄除け、足腰健康
- 例祭（9月12〜13日）
- ご朱印あり
- 社務所（授与所）9:00〜17:00
- kameari-katorijinja.com

足立区

千住神社
せんじゅじんじゃ

江戸時代の大神輿（おおみこし）が現存する、風格ある千住の氏神様

創建1100年を迎える千住神社は、深い鎮守の杜の中に建っている。三の鳥居まである長い参道の奥に、風格のある荘重な社殿が鎮座。古くから地元の人々に信仰されてきた。

平安時代の延長4年（926）、伏見稲荷大社をご分霊して、稲荷神社を創祀。のちに大宮氷川神社を

ご祭神
宇迦之御魂命（ウカノミタマノミコト）
須佐之男命（スサノオノミコト）

勧請。千住神社と称する。同社の大神輿は現存する江戸時代の見事な神輿で、例祭は華やかに盛り上がる。境内の願掛け回転恵比寿像は回すことができ、回した後、ハンカチで恵比寿様の体を撫でるとご利益があるという。「千住七福神」の一社。

[DATA]
・千住神社
・東京都足立区千住宮元町24-1
・JR常磐線・東京メトロ日比谷線・千代田線・東武伊勢崎線「北千住」駅徒歩15分、京成線「千住大橋」駅徒歩7分
・1100年の歴史ある氏神
・商売繁盛、厄除、除災招福、他
・例祭（9月第2土、日曜）
・ご朱印あり
・社務所（授与所）9:00〜17:00
・senjujinja.kachoufuugetu.net

足立区

足立鷲神社

古式ゆかしい島根囃子が伝わる、あたたかい見守りの神様

明治時代に訪れた正岡子規が「うぐいすの梅島村に傘かわく」と詠んだ鷲神社。大鳥居に、風格ある神明造りの社殿が印象的な同社は、土地の総鎮守として人々に敬われてきた。

古代、入江だった当地に諸神が船で上陸した場所とされ、日本武尊が神々を祀ったのが神社の起源という。

当社に伝わる島根囃子はここだけのもので、氏子たちによって大切に伝えられ守られてきた。土地の人たちは、開運子育ての「あたたかい見守りの神様」として尊敬している。

ご祭神

日本武尊（ヤマトタケルノミコト）　国常立命（クニトコタチノミコト）
誉田別命（ホンダワケノカミ）
天照大御神（アマテラスオオミカミ）　素戔嗚尊（スサノオノミコト）

[DATA]
- 鷲神社
- 東京都足立区島根4-25-1
- 東武スカイツリー線・東京メトロ日比谷線「梅島」「西新井」「竹ノ塚」駅徒歩15分
- 島根囃子の神社
- 例祭（9月17日）
- ご朱印あり
- 社務所（授与所）8:00～17:00（時間外はご相談ください）
- washijinja.jp

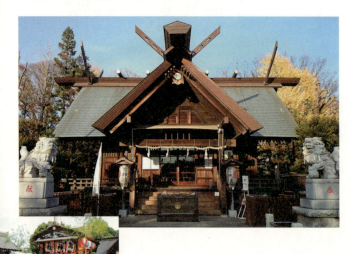

114

足立区

大鷲神社(おおとりじんじゃ)
酉の市600年の歴史を誇る、酉(とり)の市発祥の社

巨木に囲まれた、静寂な雰囲気の中に鎮座する神社は、『酉の市』発祥の地として知られ、11月の酉の市は参拝者でにぎわう。

『江戸名所図会』にも描かれた同社は、日本武尊の東征を感謝して、尊(みこと)を祀ったのが始まりと伝わっている。

室町時代の応永年間(1394〜1422)、11月の酉の日に祭りが行われると、神社の門前に市が立ったことから、「とりのまち(市)」といわれたのが起源という。

祭りの日には特別に賭博の開帳がゆるされたため、江戸市中から多くの人が集まってにぎわい、これが各地の神社に広まった。

ご祭神
日本武尊(ヤマトタケルノミコト)

[DATA]
- 大鷲神社
- 東京都足立区花畑 7-16-8
- 東武鉄道スカイツリー線「谷塚」駅からバス「草加記念体育館」下車徒歩5分
- 酉の市発祥の神社
- 開運・商売繁栄、心願成就、他
- 酉の市(11月酉の日)
- ご朱印あり
- 社務所 7:00 〜 16:00(時間外はお尋ねください)
- tokyo-jinjacho.or.jp

足立区

綾瀬 稲荷神社

綾瀬の住宅街に鎮座して、人々を守ってきた氏神様

綾瀬駅近くの住宅街に建つ神社の創建は不詳だが、古くは地元の鎮守だったとされる。明治時代に五兵衛神社を合祀、その後、綾瀬稲荷神社と改称。江戸時代の文化7年（1810）奉納の、古い石の鳥居が建っている。

狛犬は落語家の三遊亭丈師匠奉納したもので、落語にあやかって狛犬が座布団に座り、手前には扇子・手拭・茶托が置かれていて、遊び心があり楽しい。台座の「奉献」の文字は5代目柳家小さん師匠（故人）のもの。

[DATA]
- 稲荷神社
- 東京都足立区綾瀬4-9-9
- JR常磐線・東京メトロ千代田線「綾瀬」駅4分
- 綾瀬の鎮守様
- 商売繁盛、厄除、開運招福、他
- 例祭（3年に1度大祭、間の年に陰祭。いずれも9月13日を中心にした土、日曜）
- ご朱印あり
- 社務所（授与所）9:00〜17:00
- ayaseinari.jp

ご祭神
宇迦之御魂命（ウカノミタマノミコト）
菅原道真公（スガワラノミチザネコウ）（天満宮）
水波能売神（ズハノメノミコト）（水天宮）

江戸川区

平井 諏訪神社 (ひらい すわじんじゃ)

江戸川一の社殿が建つ、諏訪大社のご分霊神社

平井駅からまっすぐ5分。社号のように、信州の諏訪大社のご祭神を祀る、平井の諏訪神社。東京もこのあたりはのどかで、懐かしい村の鎮守様の面影がただよう。江戸時代の享保年間（1716〜1735）、諏訪大社からご神霊を勧請して創祀。永く当地の鎮守として信仰されてきた。

社殿の規模は江戸川一といわれ、祭礼もその名に恥じない立派なもの。4年に1度の大祭には1トンを超える千貫神輿が御渡（とぎょ）。ヤサ、エイヤサの掛け声で練り歩く。長野諏訪町から参加の「諏訪長持ち保存会」が行進、長持ちと木遣り（きやり）が披露される。

ご祭神
建御名方神（タケミナカタノカミ）
春日明神（カスガミョウジン）

[DATA]
- 諏訪神社
- 東京都江戸川区平井 6-17-36
- JR総武線「平井」駅徒歩 4 分
- 信州諏訪大社のご分霊を祀る神社
- 厄除開運、商売繁盛、家内安全、他
- 例祭（4年に1度大祭、間の年に蔭祭。いずれも9月17日を中心にした土、日曜）
- ご朱印あり
- 社務所（授与所）9:00 〜 17:00　03-3612-1374
- tokyo-jinjacho.or.jp

江戸川区

小岩神社 (こいわじんじゃ)

足の病気にご利益ありと、わらじが奉納されているお宮

総武線の車窓から杜が見える小岩神社は、小岩駅近くの住宅街に鎮座している。古くの石の鳥居をくぐると、歴史を感じさせる荘重な社殿が建ち、外とは違う時間が流れている。

鎌倉時代、このあたりを治めていた御家人の葛西氏によって伊勢神宮に寄進され、「葛西御厨(かさいみくりや)」と称された古社に、室町時代の天文5年(1536)、行徳にあった五神明神を遷座。小岩の総鎮守として祀り、地元の人々に信仰されてきた。

境内の「わらじ石」を撫でて祈願すると、足の病気回復にご神徳があるとされ、わらじが奉納されている。

ご祭神

天照皇大御神 (アマテラスオオミカミ)
住吉大神 (スミヨシノオオカミ)
天児屋根大神 (アメノコヤネノオオカミ)
八幡大神 (ハチマンノオオカミ)
衣通姫大神 (ソトオリヒメノオオカミ)

[DATA]
- 小岩神社
- 東京都江戸川区東小岩 6-15-15
- JR総武線「小岩」駅徒歩8分、京成線「江戸川」駅徒歩14分
- 小岩の鎮守
- 厄除け、病気平癒、開運招福、他
- 例祭（8月19日）
- ご朱印あり
- 社務所（授与所）9:00～17:00
- koiwa-jinja.com

江戸川区

宇喜田稲荷神社
（うきたいなりじんじゃ）

海だった場所に鎮座する、北葛西の氏神様

明治時代までは海だった土地に建つ、宇喜田稲荷神社。湿気よけのため、木造神明造りの社殿は階段を十数段上がった、高い土台の上に鎮座している。

社伝によれば、創建は江戸時代の寛永20年（1643）。神社は古くから漁村の氏神様だったが、江戸幕府開府前後の慶長年間、小田原北条氏家臣・宇田川喜兵衛定氏が近辺を開拓し、『宇喜田』と呼ばれるようになった。

昔は鎮守の森が漁から戻る船の目印となったが、埋め立て、急激な都市化で昔の面影はない。明治時代盛んだった海苔養殖の記念碑が境内に建つ。

ご祭神
豊受姫神
（ヨウケヒメノカミ）

[DATA]
- 宇喜田稲荷神社
- 東京都江戸川区北葛西 4-24-16
- 東京メトロ東西線「西葛西」駅徒歩10分。葛西駅より都バス、秋葉原行き「稲荷神社前」徒歩2分。
- 西葛西の氏神様
- 商売繁盛、家内安全、心願成就、他
- 例祭（9月27日）
- ご朱印あり
- 社務所（授与所）10:00~15:00（ご祈祷）
- ukita-inari.net

江戸川区

篠崎 浅間神社
しのざき せんげんじんじゃ

霧島神社のご祭神を祀る、江戸川区内最古の社

江戸川区の「指定天然記念物」に指定されるほど深い、鎮守の杜の中に建つ当社は江戸川区で最も古い。濃い緑に守られて、立派な社殿が鎮座。本殿・幣殿・神楽殿がつながった権現造りになっている。

由緒によれば、平安時代の天慶元年（938年）、平貞盛が関東の平安を祈って祈願、九州の霧島神社のご神霊を祀り弓矢を捧げたという。1100年の歴史があり、篠崎地区の守り神として敬われてきた。

7月1日の幟祭（のぼりまつり）が有名で、重さ1トン以上の幟10本を掲げて進む様子は壮観。幟の大きさ、祭りの規模ともに日本最大級である。

御祭禮

ご祭神
コノハナサクヤヒメノミコト
木花開耶姫尊

[DATA]
・浅間神社
・東京都江戸川区上篠崎 1-22-31
・都営地下鉄新宿線「篠崎」駅徒歩15分、JR総武線「小岩」駅より京成バス20分
・江戸川区最古の神社
・商売繁盛、家内安全、良縁祈願、他
・例祭（7月1日）
・ご朱印あり
・社務所（授与所）9:00～17:00
・shinozaki-sengenjinja.or.jp

板橋区

赤塚 氷川神社

室町時代の創建という、春には桜が美しい鎮守様

ご祭神
素盞嗚命（スサノオノミコト）
藤原広継命（フジワラノヒロツグノミコト）

けやきの古木が立ち並ぶ長い参道が印象的な、赤塚氷川神社。参道はどこか武蔵野の面影が感じられ、春には桜が美しい。

由緒によれば室町時代の長禄元年（1457）、赤塚城主千葉自胤（ちばよりたね）が赤塚城の鬼門除けとして、武蔵国一之宮氷川神社を勧請して祀ったとされている。『新編武蔵風土記稿』には、「氷川御霊合社村の鎮守なり」とある。

庚申塔

参道入り口に建つ朱塗りの鳥居そばには富士塚があり、立派な狛犬が座っている。落葉樹の木々が茂り、境内には荘重な感じの拝殿が鎮座する。

[DATA]
・氷川神社
・東京都板橋区赤塚4-22-1
・東武東上線・東京メトロ副都心線・有楽町線「成増」駅徒歩20分、
　成増駅より国際興業バス、
　高島平行き「成増4丁目」下車3分
・上赤塚の総鎮守
・厄除、除災招福、心願成就、他
・例祭（9月の第2土・日）
・ご朱印あり
・社務所（授与所）9:00〜17:00
・tokyo-jinjacho.or.jp

板橋区

志村 熊野神社(しむら くまののじんじゃ)

古くから厄除けの神様として、板橋で親しまれてきたお宮

古くから板橋志村近郊で「災い除けの神様」として知られる志村熊野神社は、都営三田線の志村三丁目駅近くに鎮座している。神社はかつての志村城の二の丸跡に建ち、小高い丘が城跡ということをしのばせる。

社伝によると、平安時代中期の長久3年(1042)、当地の豪族、志村将監が紀州熊野から熊野大神を勧請したとされている。志村城は北条氏綱に攻められ落城。廃城になり、今は参道入り口に「志村城跡」の石碑が建つ。両脇に木々が茂る長い参道の先に昔ながらの鎮守の杜があり、風格のある社殿が鎮座している。

[DATA]
・熊野神社
・東京都板橋区志村 2-16-2
・都営地下鉄三田線「志村三丁目」駅徒歩 3 分
・旧志村七ヶ村の鎮守様
・厄除、災除招福、他
・例祭(9月19日)
・ご朱印あり
・社務所(授与所)　要電話: 03-3966-5043
・tokyo-jinjacho.or.jp

ご祭神
伊邪那岐命(イザナギノミコト)
伊邪那美命(イザナミノミコト)　事解之男命(コトサカノオノミコト)

絵馬殿

神楽殿

志村城跡の石碑

東新町 氷川神社

"鎮守の杜"が似あい、立派な社殿が鎮座する氏神様

昼なお暗い森に包まれてたたずむ氷川神社は、ときわ台駅から1キロメートルの住宅街に鎮座している。"鎮守の杜"という言葉がよく似合うお宮で、参道を歩くだけで気持ちが落ち着いてくる。

古くから近在の信仰を集めてきたが、創建は明らかでない。江戸期の文政6年（1823）の「上板橋村書上帳」に、「当所鎮守氷川宮但し宮居拝殿あり」という記載が見える。

広い境内に立派な社殿が建ち、昭和40年代まで上板橋地域で使われていた農具や民具、1000点余りを保管・展示する資料館がある。（拝観は要予約）

[DATA]
- 氷川神社
- 板橋区東新町2-16-1
- 東上線「ときわ台」徒歩12分
- 緑濃い、旧上板橋の鎮守
- 開運招福、心願成就、厄除、他
- 祭礼（9月14日）
- ご朱印あり
- 社務所（授与所）　要電話：03-3958-0216
- tokyo-jinjacho.or.jp

ご祭神
スサノオノミコト
須佐之男命

北区

王子神社(おうじじんじゃ)

「王子権現(おうじごんげん)」と呼ばれて、江戸名所として栄えたお宮

王子という地名の由来となった王子神社は、JR王子駅からほど近い高台に鎮座して、700年間静かにこの地を見守ってきた。

大きな鳥居をくぐると広々とした境内が広がり、緑の葉陰の下、凛とした空気に包まれて重厚な権現造りの社殿が建つ。中世には熊野信仰の拠点になった神社で、高い格式を持ち、江戸期には「王子権現」と呼ばれていた。明治時代には准勅祭社、東京の北方守護として「東京十社」に選ばれ、正月には表通りにまで参拝者の列が並ぶ。

創建は明らかではないが、平安時代、奥州平定の源義家が社頭で慰霊祈願を行い、甲冑を納めたという。鎌倉末期の元亨2年(1322)、領主豊島氏が紀州熊野三社より王子大神を勧請。徳川将軍家の祈願所となり、広大な社領を有して江戸名所の一つとなった。

将軍家から寄進された飛鳥山は桜の名所として、江戸時代から今日まで花見客でにぎわっている。

境内の末社・関神社は美容・理容の神様として知られ、髪の毛に悩む参拝者が訪れる。日本初のカツラの考案者・蝉丸法師が祀られていることからだとか。

「ご神木の大イチョウ」
境内に立つ大イチョウは樹齢600年、幹周り6メートル以上あって、幹を撫でると、迷いやトラブルを浄化してくれるという。

北区

花笠をかぶって踊る、例祭の美しい田楽舞

[DATA]
- 王子神社
- 東京都北区王子本町1-1-12
- JR京浜東北線・東京メトロ南北線「王子」駅徒歩3分、都電荒川線「王子駅前」徒歩3分
- 王子権現と呼ばれた江戸名所
- 開運除災、子育大願、他
- 祭礼（8月上旬、「槍祭り」）
- ご朱印あり（東京十社共通の「元勅祭社」印
- 社務所（授与所）9:00～17:00（祈願受付 9:30～16:30）
- ojijinja.tokyo.jp

※「東京十社」の一社 (175頁)

ご祭神

天照大御神 (アマテラスオオミカミ)

伊邪那岐命 (イザナギノミコト)　伊邪那美命 (イザナミノミコト)

速玉之男命 (ハヤタマオノミコト)　事解之男命 (コトカイオノミコト)

北区

王子稲荷神社

大晦日に「狐の行列」が行われる、王子の関東稲荷総司

落語「王子の稲荷」で有名な王子稲荷神社は、歌川広重の『江戸名所図会』にも描かれ、信仰の場だけでなく、憩いの場、行楽の地としても江戸庶民に親しまれてきた。

社伝によれば、古くから荒川の岸に鎮座して「岸稲荷」と称したが、平安時代の康平年間、征夷大将軍・源頼義が「関東稲荷総司」の称号を与え、小田原北条氏・徳川将軍家の祈願所となった。大晦日には関東中の狐が集まり、装束を整え当社に初詣をしたという。この伝説にちなんだ、大晦日に狐の面をかぶった「狐の行列」が行われ、歳末の風物詩になっている。

ご祭神
ウカノミタマノカミ
宇迦之御魂神
ウケモチノカミ
宇気母智之神
ワクムスビノカミ
和久産巣日

[DATA]
・王子稲荷神社
・東京都北区王子岸町1-12-26
・JR京浜東北線・東京メトロ
　南北線「王子」駅徒歩6分
・関東の稲荷総司
・商売繁盛、心願成就、他
・例祭（2月初午）
・ご朱印あり
・社務所（授与所）9:00～17:00
・tokyo-jinjacho.or.jp

大晦日の狐の行列

田端八幡神社 (たばたはちまんじんじゃ)

―田端にひっそりと鎮座する源頼朝ゆかりの氏神様

田端駅から徒歩5分、静かな住宅街にひっそりとたたずむ田端八幡神社。同社は鎌倉期初めの文治5年（1189）、奥州藤原一族を滅ぼした帰路当地に立ち寄った源頼朝が、鎌倉八幡宮を勧請して創祀したのが始まりと伝わっている。木々に囲まれて鎮座する社は趣があって気持ちが安らぎ、自然に手を合わせてしまう。境内には溶岩でできた高さ4メートルの富士塚があり、頂上には富士浅間神社が祀られている。毎年2月20日には「富士講の初拝み」が行われて、富士講の人たちや地元の子どもたちが元気に登っている。

ご祭神
品陀別命（ホンダワケノミコト）

[DATA]
- 八幡神社
- 東京都北区田端2-7-2
- JR山手線「田端」駅徒歩5分、「西日暮里」駅徒歩12分
- 源頼朝ゆかりの八幡様
- 災除招福、心願成就、開運、他
- 例祭（8月15日前後の土・日）
- 社務所（授与所）要電話：03-3828-6867
- tokyo-jinjacho.or.jp

北区

赤羽 八幡神社

神社の下を新幹線が走る、電車好きに人気の赤羽の氏神様

ご祭神
品陀和気命（応神天皇）
ホンダワケノミコト
帯中津日子命息長帯比売命（仲哀天皇）
タラシナカツヒコノミコト
息長帯比売命（神功皇后）
オキナガタラシヒメノミコト

「新幹線が社の下を通る神社」として有名な赤羽八幡神社は、JR赤羽駅近くの高台に鎮座している。長い石段を上がると、そこは赤羽駅ホームや、走る電車が見える静かな別世界。見事な木彫りの龍の彫刻が施された社殿が建ち、木々が茂る。

勝負守護の神・八幡神を祀る宮は、奈良時代の延暦3年（784）、東征の坂上田村麿が当地で必勝祈願したことが始まりという。以後、江戸期を通じて赤羽一帯の総鎮守として信仰されてきた。

神社の下を電車が通る珍しさから外国TVも取材。新年には鉄道3駅の関係者がお参りに訪れ、駅にはご神札が祀られている。

ご朱印帳

絵馬

お守り

「下元8運お守り」
お守り・絵馬・ご朱印帳の表紙に描かれた∞が、アイドルグループ関ジャニのマークと似ていることから、神社は関ジャニ・ファンの聖地になっている。∞は風水思想の「下元8運」、無限大パワーを表す。

[DATA]
- 八幡神社
- 東京都北区赤羽台4-1-6
- JR京浜東北線・埼京線「赤羽」駅徒歩10分。東京メトロ南北線「赤羽岩淵」駅徒歩8分
- 境内の真下を新幹線が通る神社
- 必勝開運、厄除災難除、他
- 例祭（11月3～4日）
- ご朱印あり
- 社務所（授与所）9:00～17:00
- ak8mans.com

平塚神社(ひらつかじんじゃ)

― 源氏の武将三兄弟を祀る、昭和の雰囲気が残る上中里の社 ―

どことなく旧い東京の面影が残る上中里の平塚神社。濃い緑の木立に守られた社は、作家内田康夫の「浅見光彦ミステリーシリーズ」にも描かれている。

平安後期の後三年、この地を訪れた源氏の武将・源義家・義綱・義光三兄弟を「平塚三所大明神」として祀ったことが起源。境内には義家の鎧(よろい)を埋めたと伝わる甲冑塚がある。以後、勝利の神として、人生のさまざまな場面で勝運を得たい人たちに信仰されてきた。

ここ一番のときに祈願したい。四季折々、参拝のあと、近くの旧古河庭園を訪ねるのも楽しい。

ご祭神

八幡太郎源義家命(ハチマンタロウミナモトノヨシイエノミコト)
賀茂次郎源義綱命(カモジロウミナモトノヨシツナノミコト)
新羅三郎源義光命(シンラサブロウミナモトノヨシミツノミコト)

[DATA]
- 平塚神社
- 東京都北区上中里1-47-1
- JR京浜東北線「上中里」駅徒歩2分、東京メトロ南北線「西ヶ原」駅徒歩3分
- 上中里に鎮座する勝運の神様
- 勝運(厄除、病気平癒、就職、合格、他)
- 例祭(9月14~15日)
- ご朱印あり
- 社務所(授与所)9:00~17:00
- hiratsuka-jinja.or.jp

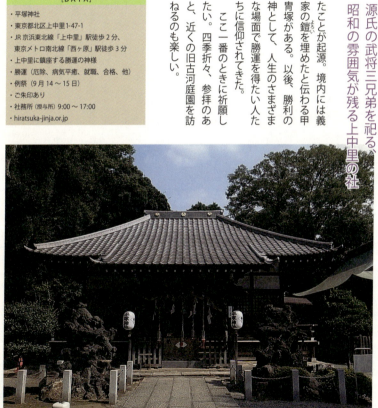

中野区

沼袋 氷川神社
（ぬまぶくろ ひかわじんじゃ）

「やくよけひかわ」として信仰を集める、太田道灌ゆかりの神様

「やくよけひかわ」、と呼ばれ親しまれてきた氷川神社。創始は南北朝時代の正平年間（1346〜1370）。武蔵国一之宮氷川神社からご分霊したとされ、太田道灌が戦勝祈願に杉を奉納している。「厄除けのご利益がある」という天照大神の弟神・須佐之男命を祀っていることから、厄除け祈願の参拝者が多い。

また境内の「三本願い松」は、「悪しきことはスギ去れ、願い叶うをマツ」として、ご利益を期待する若い女性たちの間で知られ、参拝者が増えている。

境内の子どもを抱いた「子育て狛犬」が可愛いと評判「写真右下」。

ご祭神
須佐之男命（スサノオノミコト）

[DATA]
- 氷川神社
- 東京都中野区沼袋1-31-4
- 西武新宿線「沼袋」駅徒歩2分
- 厄除祈願の神社
- 厄除、安産、子育、他
- 例祭（8月の第3または第4土・日）
- ご朱印あり
- 社務所（授与所）9:00〜18:00
- hikawa-n.or.jp

130

江古田氷川神社(えこたひかわじんじゃ)

珍しい箱型の獅子頭(ししがしら)で踊る、室町時代創建のお宮

ご祭神
素戔嗚尊(スサノオノミコト)

江古田獅子舞で有名な氷川神社は、江古田の東福寺近くに鎮座している。木々に守られて建つお宮は、由緒によると室町時代の寛正元年(1460)、この地に素盞嗚尊を祀るために、小さな祠を建てたことに始まるという。以後、神社は「牛頭天王社」(ごずてんのうしゃ)と呼ばれていた。文明9年には太田道灌と豊島城主の古戦場となり、江戸時代に氷川神社と称する。

中野区の無形文化財になっている江古田獅子舞は、昔伊勢の国の行者が教えたのが始まりという。獅子頭は珍しい重箱型で、面は赤く、平安時代の仮衣(かりぎぬ)に袴(はかま)をはいて踊る。

[DATA]
- 氷川神社
- 東京都中野区江古田 3-13-6
- 西武新宿線「沼袋」駅徒歩15分、西武池袋線「江古田」駅徒歩18分、都営地下鉄大江戸線「新江古田」駅徒歩11分
- 江古田の総鎮守
- 厄除、除災招福、他
- 例祭(10月の第1土・日)
- ご朱印あり
- 社務所(授与所) 要電話:03-3386-2527
- tokyo-jinjacho.or.jp

中野区

多田神社 (ただじんじゃ)

文武両道の源氏の武将を祀る、中野南台のお宮

源氏の武将を祀る多田神社は、中野区南台の住宅街に鎮座して、文武両道の神様として永く敬われてきた。

由緒では、平安時代の寛治6年(1092)、源義家が大宮八幡宮(杉並区大宮2丁目)に参詣の際、当地に源氏の先祖、多田満仲公の祠を建立したことに始まり、その後当地の鎮守社になったとされる。

満仲公は第56代清和天皇

ご祭神
源 満仲公
(ミナモトノ ミツナカコウ)

のひ孫で、鬼退治などで有名な源頼光(みなもとのらいこう)の父に当たる源氏の武将。文武両道に秀でていたといわれ、そのため神社は「文武両道の神」と謳っている。ご朱印には清和源氏の家紋・笹竜胆(ささりんどう)があしらわれている。

[DATA]
- 多田神社
- 東京都中野区南台 3-43-1
- 東京メトロ丸の内線「方南町」駅徒歩7分
- 源氏の武将を祀るお宮
- 合格・学業成就、心願成就、他
- 例祭(8月26、27日)
- ご朱印あり
- 社務所(授与所)(9:00〜17:00)
- tadajinja.tokyo

中野区

拝殿

鷺宮八幡神社
(さぎのみやはちまんじんじゃ)

鷺宮にたたずむ、地名の元となった、社歴952年の古社

[DATA]
- 八幡神社
- 東京都中野区白鷺1-31-10
- 西武新宿線「鷺宮」駅徒歩2分
- 鎌倉時代から続く古社
- 招福開運、災厄除、心願成就、他
- 例祭（8月の第3土・日）
- ご朱印あり
- 社務所（授与所）　要電話：03-3338-8536
- saginomiya.wasou-kekkonshiki.jp

ご祭神
オウジンテンノウ
応神天皇

中野区鷺宮に鎮座する当社は952年の歴史を持つ古社である。その昔、境内には老樹がそびえ、無数の鷺が棲息していたことから、里人が「さぎ宮大明神」と呼び、これが地名の由来と伝わっている。

神社の創建は古く、平安時代の康平7年（1064）、源頼義が東国を平定した後、鎌倉街道に面した当地に社殿を建てて八幡神のご神霊を奉祀し、戦勝を感謝。国家安泰・源氏の隆昌を祈願したのが起源という。

境内には古社らしい厳かな社殿が建ち、社は豊かな緑に囲まれている。境内には奉納された多数の力石がある。

中野区

中野 氷川神社
なかの ひかわじんじゃ

華麗な社殿が美しい、東中野のお宮

ご祭神
須佐之男命(スサノオノミコト)
稲田姫命(イナダヒメノミコト) 大己貴命(オオナムチノミコト)

中野区最大の例大祭で知られる中野氷川神社は、東中野駅から徒歩5分の静かな住宅街に鎮座して、地元の氏神様として永く敬われてきた。

由緒によれば、平安時代の長元3年(1030)、源頼信が平忠常の乱を平定する際、武蔵国一之宮氷川神社のご神霊を勧請。祠を建てたのが始まりとされる。

のち、大田道灌が戦勝の御礼に社殿を造営したという。

木々におおわれた長い参道を進み石段を上がると、広い境内に威厳のある拝殿が建っている。境内は隅々まで掃き清められ、清々しい。

祭礼には各町会から多数の神輿が出、境内に多くの露店が並んで、中野区一番の秋祭りとしてにぎわう。

[DATA]
- 氷川神社
- 東京都中野区東中野 1-11-1
- JR総武線・都営地下鉄大江戸線「東中野」駅徒歩5分、東京メトロ丸の内線・大江戸線「中野坂上」駅徒歩7分
- 旧中野村の総鎮守
- 厄除、災除招福、縁結び、他
- 例祭(9月14、15日)
- ご朱印あり
- 社務所(授与所) 要電話: 03-3361-2465
- tokyo-jinjacho.or.jp

杉並区

高円寺 天祖神社

東高円寺の氏神様 ― 豊かな樹林を背にして鎮座する、

子どもを抱いた、阿吽の狛犬

ご祭神
アマテラスオオミカミ
天照皇大御神

子どもを抱いた、阿吽の狛犬が出迎えてくれる天祖神社は、東高円寺駅から5分の場所に鎮座している。うっそうと茂った樹林を背にして拝殿が建つ宮は、敬神の篤い一人の人物によって創祀された。

由緒によれば、平安時代の寛治元年（1078）、高円寺村の草分けの家柄に生まれた山下久七が、伊勢神宮へ参拝。ご分霊を賜って邸内に祠を建てて奉斎したことが始まりで、その後、この土地の氏神となったとされている。

参道には石造りの明神鳥居が建ち、明治21年造営、流造りの本殿は風格がただよう。

[DATA]
- 天祖神社
- 東京都杉並区高円寺南1-16-19
- 東京メトロ丸ノ内線「東高円寺」駅 徒歩3分
- 天照大神を祀る氏神様
- 開運招福、心願成就、厄除、他
- 例祭（9月16日）
- ご朱印あり
- 社務所（授与所）9:00～17:00
- tokyo-jinjacho.or.jp

杉並区

高円寺 氷川神社（気象神社）

お天気の神様が祀られて、気象予報士がお参りするお宮

JR高円寺駅近くに建つ当社は、東京・埼玉に多く鎮座する大宮氷川神社の分社で、日本で唯一、お天気の神様を祀っていることで知られている。

黒い鳥居が建つ神社は村の鎮守様、という雰囲気で気持ちが和む。源頼朝が奥州平定の際立ち寄り社殿を建立した、など諸説あるが、永く村の鎮守として土地を守護してきた。

境内には日本で唯一の気象神社があり、気象予報士など多くの関係者が詣でている。元は陸軍気象部が構内に祀り、当時の気象観測員が気象予報の的中を祈願したという。

ご祭神は知恵を司る神・八意思兼命で、6月1日の気象記念日に例祭が行われている。

ご祭神
スサノオノミコト
素盞鳴命
ヤゴコロオモイカネノミコト
八意思兼命

[DATA]
- 氷川神社
- 東京都杉並区高円寺南 4-44-19
- JR総武線「高円寺」駅徒歩3分
- 気象神社のあるお宮
- 厄除、開運招福、心願成就、他
- 例祭（8月27、28日）
- ご朱印あり
- 社務所（授与所）9:00～17:00
- www.kisyoujinjya.jp（気象神社）

杉並区

阿佐ヶ谷 神明宮（あさがや しんめいぐう）

伊勢神宮より徹下の大鳥居が建ち、神明造りの社殿が見事

阿佐ヶ谷駅から徒歩2分、3千坪の神域を有し、巨木に囲まれて鎮座する同社は、都内では最大級の伊勢神宮勧請の神社。伊勢神宮とのかかわりが深く、撤下された大鳥居が参拝者を迎えてくれる。

およそ1500年前、日本武尊の東征の際、阿佐ヶ谷の地で休息し、住民がその地に天照大御神をお祀りしたのが始まりと言われている。見通しのいい境内では、春は桜の下、秋は月の下で巫女が舞う神事があり、災いを除く八難除祈祷などの参拝者が訪れている。

社殿は伊勢神宮と同じ神明造りで、厳かな雰囲気に満ちている。

ご祭神
天照大御神（アマテラスオオミカミ）　**月読尊**（ツキヨミノミコト）
豊受大神（トヨウケノオオカミ）　**須佐之男尊**（スサノオノミコト）

[DATA]
- 神明宮
- 東京都杉並区阿佐ヶ谷北1-25-5
- JR総武・中央線「阿佐ヶ谷」駅徒歩2分
- 災い除けの神社
- 厄除、方位除、八難除、他
- 例祭（9月の第2土・日）
- ご朱印あり
- 社務所（授与所）8:30〜17:00
- shinmeiguu.com

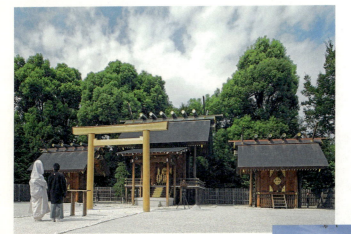

能楽殿

杉並区

西永福 大宮八幡宮
にしえいふく おおみやはちまんぐう

「東京のへそ」と呼ばれ、1万5千坪の広大な境内を持つ社

東京の重心に位置することから「東京のへそ」という異名をもつ同社は、1万5千坪という東京23区では3番目の広大な境内と、約千年の歴史を持つ古社である。古木が生い茂る緑豊かな境内は別世界のようで、境内には神域の気配が感じられる。

平安時代、奥州平定からの帰路の将軍、源頼義によって京都石清水八幡宮のご分霊を勧請、建立されたと伝わる。昔から子育て・厄除けの神様として庶民に親しまれてきた。

春秋の例大祭の他にも、平安時代の七夕飾り「乞巧奠（きっこうでん）」などが再現され、多くの参拝者でにぎわう。

ご祭神

応神天皇（オウジンテンノウ）
神功皇后（ジングウゴウゴウ）　仲哀天皇（チュウアイテンノウ）

[DATA]
- 大宮八幡宮
- 東京都杉並区大宮 2-3-1
- 京王井の頭線「西永福」駅徒歩 7 分
- 東京 23 区で 3 番目の広さ
- 安産、厄除、子育、他
- 例祭（9 月 15 日）
- ご朱印あり
- 社務所(授与所) 9:30 〜 16:30（祈願受付）
- ohmiya-hachimangu.or.jp

138

荻窪 八幡神社（おぎくぼ はちまんじんじゃ）

新しい事に挑戦する人を応援してくれる、荻窪の氏神様

青梅街道から一歩入った住宅街にたたずむ神社は、荻窪の氏神様として、土地の人たちによって守られてきた。

平安時代中期の寛平年間（889～898）に、奥州平定の源頼義が勝利を感謝して社を改修したという。境内にそびえる高野槇（こうやまき）は、太田道灌が武運を祈って植えたもので、ご神木「道灌槇（どうかんまき）」として、今なお地域の人々に崇められている。

進取的な事に霊験あらたかとされ、新しい人生への転換を願い、祈願のために、はるばる訪れる参拝者が多い。

ご祭神
応神天皇（オウジンテンノウ）

[DATA]
- 八幡神社
- 東京都杉並区上荻4-19-2
- JR総武線「荻窪」「西荻窪」駅徒歩20分、バス10分
- 千年の杜、500年の高野槇
- 諸願成就、災除開運、他
- 例祭（9月15日に近い日曜日）
- ご朱印あり
- 社務所（授与所）9:00～17:00
- www.amy.hi-ho.ne.jp/ogikubo-hachiman

杉並区

荻窪 白山神社（はくさんじんじゃ）

「歯痛平癒」の神として敬まわれてきた、白山信仰のお宮

荻窪駅近くに鎮座する白山神社。同社は加賀の霊峰白山をご神体とする白山信仰のお宮で、社伝によれば、室町期の文明年間（1469〜1486）、当地の豪族・中田加賀守が屋敷内に白山の五社権現社を奉齋したのに始まる。

当社の例祭は盛大で、100人もの女性が揃いの法被（はっぴ）姿で担ぐ「おんな神輿」が名物となっていて、宮神輿と共に荻窪の町を巡幸し、90メートルの長い参道には露天がぎっしり並ぶ。また当社は「歯痛平癒」の神様として信仰されていて、現役の歯医者がお参りするという。

[DATA]
- 白山神社
- 東京都杉並区上荻 1-21-7
- JR総武線・中央線、東京メトロ丸ノ内線・東西線「荻窪」駅徒歩3分
- 白山信仰のお宮
- 歯痛平癒、開運招福、厄除、他
- 例祭（9月7、8日）
- ご朱印あり
- 社務所（授与所）9:00〜17:00
- tokyo-jinjacho.or.jp

ご祭神
イザナミノミコト
伊邪那美命

下高井戸浜田山 八幡神社

豊かな緑に守られた、太田道灌ゆかりの八幡様

ご祭神
応神天皇（オウジンテンノウ）
受持命（ウケモチノカミ）

杉並の閑静な住宅街に鎮座する下高井戸八幡人神社は、豊かな緑におおわれた鎮守らしい雰囲気が残るお宮で、風格ある社殿が建つ。

由緒によると、室町時代の長禄元年（1457）、太田道灌が江戸城築城の際災難除けを祈願し、鎌倉の鶴岡八幡宮のご神霊を祀ったことに始まったとされ、

当時、このあたりは高井戸村と呼ばれていたという。9月の例大祭では、神社の近隣から4基の神輿が出て合同宮入りをし、お神楽が奉納される。また、100もの露店が並び、広い境内は大勢の人でにぎわう。厄の字が逆さまに書かれた、厄落としの絵馬が面白い。

[DATA]
- 八幡神社
- 東京都杉並区下高井戸4-39-3
- 井の頭線「西永福」駅徒歩8分、京王線「桜上水」駅徒歩14分
- 太田道灌ゆかりの八幡様
- 厄除け、開運、他
- 例祭（9月の第4日曜日）
- ご朱印あり
- 社務所（授与所）9:00～17:00
- shimotakaido.org

杉並区

井草八幡宮(いぐさはちまんぐう)

源頼朝ゆかりの厳かな神社／善福寺に広大な神域を持つ、

ご祭神
八幡大神(ヤハタノオオカミ)
（応神天皇）

杉並の善福寺に鎮座する井草八幡宮は、800年以上の歴史を持つ古式豊かな神社として知られる。

青梅街道に面して建つ見事な朱色の大鳥居と大灯篭、200メートルもの長い参道が格式の高さを現している。参道は森の中を歩くようで、騒音も消え、厳かな神域という雰囲気がただよう。

由緒によれば、源頼朝が奥州平定後の建久4年(1193)に創建。霊験を得て「井草八幡の松（2代目、天然記念物）」を手植えしたと伝わっている。

その後、徳川幕府の篤い庇護の下、広く崇敬を受けてきた。境内は広大で都内有数の広さを誇り、5年に一度流鏑馬神事が行われる。

[DATA]
- 井草八幡宮
- 東京都杉並区善福寺1-33-1
- JR中央線「西荻窪」駅徒歩25分、西武新宿線「上石神井」駅徒歩20分、西荻窪駅より関東バス、荻30・32・34・36路線「井草八幡」下車1分
- 源頼朝公ゆかりの神社
- 心願成就、開運招福、災厄除、他
- 例祭（9月30～10月1日）
- 社務所（授与所）春秋 8:30～17:30 夏 8:30～18:20 冬 8:30～16:30
- igusahachimangu.jp/index2.html

和泉 熊野神社(いずみくまののじんじゃ)

杉並の永福町に鎮座する、紀州熊野の神様

現在も地元の人から「和泉の鎮守さま」と呼ばれ親しまれている当社は、深い木々に守られて、永福町の駅から6分の場所に鎮座してこの地を守ってきた。

鎌倉時代の文永4年(1267)、紀州熊野神社のご分霊を祀って創建。江戸時代の『新編武蔵風土記稿』には、「村の北の方にあり（略）、木の鳥居が立」とある。

拝殿そばには、三代将軍家光が鷹狩のとき植えたという、クロ松のご神木がそびえている。参道二の鳥居は角柱型の珍しい形をしていて、拝殿上部の木彫りの龍の彫刻が見事。

ご祭神

天御中主命 (アメノミナカヌシノミコト)
伊邪那岐命 (イザナギノミコト)　**伊邪那美命** (イザナミノミコト)

[DATA]

- 熊野神社
- 東京都杉並区和泉3-21-29
- 京王井の頭線「永福町」駅徒歩6分
- 「和泉の鎮守さま」と呼ばれるお宮
- 招福開運、厄除、家内安全、他
- 例祭（9月の第2土・日曜日）
- ご朱印あり
- 社務所（授与所）　電話：03-3328-6830
- tokyo-jinjacho.or.jp

練馬区

氷川台 氷川神社
ひかわだい ひかわじんじゃ

氷川の町名の始まりとなった、「大氷川（だいひかわ）」と呼ばれる、練馬の鎮守社

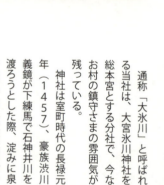

ご祭神
須佐之男命（スサノオノミコト）

通称「大氷川」と呼ばれる当社は、大宮氷川神社を総本宮とする分社で、今なお村の鎮守さまの雰囲気が残っている。

神社は室町時代の長禄元年（1457）、豪族渋川義鏡が下練馬で石神井川を渡ろうとした際、淀みに泉を発見し、須佐之男命を祀って武運長久を祈ったのに始まるという。この故事にちなみ、今でも3年に一度、春季例大祭に、泉とされる「お浜井戸」へ神輿の渡御行列が行われている。

お宮は氷川の町名の元ともいわれ、江戸時代の天明7年奉納の、獅子型、高さ60センチ、練馬区最古の狛犬がある。

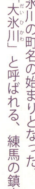

[DATA]
- 氷川神社
- 東京都練馬区氷川台4-47-3
- 東京メトロ有楽町線「氷川台」駅徒歩7分
- 氷川台の町名の由来の鎮守社
- 出世開運、心願成就、厄除、他
- 例祭（4月の第2土・日、9月の第1土・日）
- ご朱印あり
- 社務所（授与所）　要電話：03-3933-0391
- hikawadaihikwajinja.web.fc2.com

石神井 氷川神社

石神井公園隣に鎮座する、"石神井のお氷川さま"

ご祭神
須佐之男命（スサノオノミコト）
稲田姫命（イナダヒメノミコト）
大己貴命（オオナムチノミコト）

都民の憩いの場・石神井公園隣に、濃い緑に包まれてひっそりと鎮座する当社は、「石神井のお氷川さま」と呼ばれて地元で親しまれている。

桜並木の長い立派な参道を歩むと、やがて流造りの風格ある拝殿・本殿が姿を現し、広い境内には老樹が生い茂って心が洗われる。

神社の創建は古く、室町時代の応永年間、土地の豪族豊嶋氏が武蔵国一之宮の氷川神社を石神井城内に勧請して創建されたもので、豊島氏没落後は当地に遷座し、石神井郷の総鎮守として崇敬を集めてきた。

毎月第4日曜日に境内で骨董市が開かれている。

[DATA]
- 氷川神社
- 東京都練馬区石神井台1-18-24
- 西武池袋線「石神井公園」駅徒歩16分、JR阿佐ヶ谷駅よりバス「JA東京あおば」徒歩7分
- 石神井の総鎮守社
- 開運招福、縁結び、心願成就、他
- 例祭（10月第3日曜日、前日は夜宮祭）
- ご朱印あり
- 社務所（授与所）　要電話：03-3997-6032
- www.ne.jp/asahi/hikawajinja/hikawahp

練馬区

武蔵野稲荷神社
むさしののいなりじんじゃ

色鮮やかな社殿がまばゆい、江古田のお稲荷さん

七福神像

ご祭神
宇迦之御魂神
ウカノミタマノカミ

古くから「江古田のお稲荷さん」と呼ばれて親しまれてきた武蔵野稲荷神社は、江古田駅から200メートルの場所に鎮座。参道・境内にはたくさんの赤い開運幟（かいうんのぼり）がひるがえり、稲荷社独特の雰囲気がある。

神社の創建は不詳だが、社は戦国時代に戦死者を祀ったと思われる小高い丘の上に鎮座している、境内の随身門、拝殿など社殿が黄金色・赤・黄・緑に彩色されて美しい。

明治から昭和初期にかけては商人や実業家、歌舞伎役者たちの信仰を集め、「三の稲荷」と呼ばれる三の日の縁日は、多くの人出でにぎわった。

[DATA]
- 武蔵野稲荷神社
- 東京都練馬区栄町 10-1
- 西武池袋線「江古田」駅徒歩 3 分、東京メトロ有楽町線「新桜台」駅徒歩 8 分、都営地下鉄大江戸線「新江古田」駅徒歩 12 分
- 江古田のお稲荷さん
- 商売繁盛、無病息災、災除招福、他
- 例祭（2 月初午）
- ご朱印あり
- 社務所（授与所） 要電話：03-3993-4073
- tokyo-jinjacho.or.jp

146

練馬区

大泉 氷川神社
おおいずみ ひかわじんじゃ

鎌倉時代創建とされる、大宮氷川神社のご分霊を祀る氏神様

ご祭神
素盞嗚尊（スサノオノミコト）
大己貴命（オオナムチノミコト）　稲田姫命（イナダヒメノミコト）

大泉氷川神社は、東京・埼玉に多い、武蔵国一之宮大宮氷川神社よりご神霊を勧請した分社で、かつて近在の鎮守として親しまれてきた。

創建年代は不明だが、鎌倉時代の文永年間（1264〜75）と伝えられている。『新編武蔵風土記稿』に記載があり、江戸時代には天王社と称され信仰されたという。

一の鳥居をくぐると、二の鳥居まで参道の両脇にたくさんの石灯籠が並んで、参詣者を迎えてくれる。境内には、江戸時代に伊賀組衆が奉納した御手洗石があり、練馬区の有形文化財になっている。

[DATA]
- 氷川神社
- 東京都練馬区大泉町5-15-5
- 西武池袋線「大泉学園」駅徒歩18分、大泉学園駅より循環バス「放射7号」徒歩1分
- 大泉の氏神様
- 厄除、除災招福、恋愛成就、他
- 例祭（10月の第2日曜日）
- ご朱印あり
- 社務所（授与所）　要電話：03-3924-3896
- tokyo-jinjacho.or.jp

世田谷区

赤堤 六所神社
(あかつつみ ろくしょじんじゃ)

美しい社殿が緑に映える、大国主命を祀る氏神様

世田谷北部の中央に位置して、地元で「六所の森」と呼ばれる六所神社は、言葉どおり1000平方メートルの社叢林に守られて鎮座している。昼間でも暗い鎮守の森の雰囲気があり、神域の気配がただよう。

戦国時代の天正12年(1584)、土地の豪族・服部貞殿が府中の六所宮・大國魂神社を勧請して創建。以来、土地の氏神様として敬われてきた。

落ち着いた境内に鎮座する、緑に映える朱色の拝殿が美しい。9月の例祭はにぎやかで、神楽が奉納され露店が並ぶ中、町神輿が巡幸する。

ご祭神
オオクニタマノオオカミ
大国魂大神

[DATA]
- 六所神社
- 東京都世田谷区赤堤 2-25-2
- 東急世田谷線「松原」駅徒歩3分、小田急「豪徳寺」駅徒歩7分
- 赤堤の鎮守様
- 厄除、縁結び、招福開運、他
- 例祭(9月23日、秋分の日に本祭、前日に宵宮)
- ご朱印あり
- 社務所(授与所) 要電話: 03-3321-5396
- tokyo-jinjacho.or.jp

世田谷区

世田谷 松陰神社

幕末の思想家・吉田松陰公を祀る、世田谷若林のお宮

ご祭神
ヨシダトラジロウフジワラノリカタノミコト
吉田寅次郎藤原矩方命
（吉田松陰）

幕末長州の思想家・吉田松陰公を祀る当社は、世田谷の若林に鎮座。受験生をはじめ多くの人々から、学問の神様として崇められている。

幕末の安政6年（1859）安政の大獄に連座して刑死した4年後、松下村塾の門下生だった高杉晋作・伊藤博文らによって、この地に改葬。明治15年に社殿を建てたのが神社の始まりといていることでいます。

松陰公の肖像が描かれた「志絵馬」

う。大鳥居をくぐると、境内には松陰公の座像、右手奥には松下村塾を模した家が建ち、頼三樹三郎など同士6人の墓がある。例祭の10月27日は松陰公の命日。10月の「幕末維新祭り」では騎兵隊パレードをはじめ、さまざまな祭事が行われる。

松陰公像

[DATA]
- 松陰神社
- 東京都世田谷区若林4-35-1
- 東急世田谷線「松陰神社」駅徒歩3分
- 幕末の志士、吉田松陰公を祀る神社
- 合格・学業成就、心願成就、災除招福
- 例祭（10月27日）
- ご朱印あり
- 社務所（授与所）9:00～17:00（休息日以外）
- www.shoinjinja.org

世田谷区

世田谷八幡宮(せたがやはちまんぐう)

奉納相撲が行われる、世田谷の勝運・開運の神様

宮の坂駅前に鎮座する世田谷八幡宮。当社では今でも例祭に奉納相撲が行われ、相撲ファンを喜ばせている。世田谷らしい広い境内を持ち、神域の凛とした雰囲気が張りつめている。

由緒によれば平安時代の寛治5年(1091)、後三年の役の帰途、この地に滞在した源氏の武将・源義家が、戦勝御礼に宇佐八幡宮のご神霊を勧請し、祀ったのが始まりという。

大きな朱の鳥居をくぐり長い石段を上がった境内に、堂々とした風格ある社殿が鎮座して

いる。当社は「江戸郊外三大相撲」の一社で、例祭には東京農業大学相撲部による奉納相撲が行われる。

力士をモチーフにした必勝祈願の勝絵馬

ご祭神
八幡大神(ヤハタノオオカミ)(応神天皇)
仲哀天皇(チュウアイテンノウ)　神功皇后(ジングウコウゴウ)

[DATA]
- 世田谷八幡宮
- 東京都世田谷区宮坂1-26-3
- 東急世田谷線「宮の坂」駅徒歩1分
- 奉納相撲が行われる戦いの神様
- 勝運、開運招福、厄除、心願成就、他
- 例祭 (9月15日)
- ご朱印あり
- 社務所(授与所)　要電話: 03-3429-1732
- twitter.com/setagaya8mangu

150

世田谷区

喜多見 氷川神社
遙か奈良時代の創建とされる、徳川幕府庇護の古社

広い境内と、季節のうつろいを教えてくれる豊かな森に守られたお宮は、世田谷の喜多見に鎮座している。

由緒によれば、創建は遥か遠く奈良時代の大平12年(740)と伝えられていて、南北朝期、天災により社殿が大破。戦国時代に当地の領主・江戸形部頼忠が社殿を修復し、徳川将軍家代々から庇護を受けてきた。

樹木が茂る長く厳かな参道。流造りの本殿、入母屋破風造りの拝殿が立派で圧倒される。注連縄が特徴的な二の鳥居は、都内の鳥居では最古に入るとされ、世田谷区の有形文化財になっている。

ご祭神
素戔嗚尊（スサノオノミコト）
天照大神（アマテラスオオミカミ）　**稲田姫命**（イナダヒメノミコト）

[DATA]
- 氷川神社
- 東京都世田谷区喜多見 4-26-1
- 小田急「喜多見」駅徒歩 15 分、小田急バス「喜多見住宅」徒歩 5 分
- 喜多見の氏神様
- 開運招福、厄除、縁結び、他
- 例祭（10 月 18 日）
- ご朱印有
- 社務所（授与所）9:00〜17:00
- www5e.biglobe.ne.jp/~hikawa-j

世田谷区

等々力 玉川神社
子落としの獅子がいる、緑豊かな等々力の氏神様

世田谷の等々力に鎮座する玉川神社は、緑豊かな林に囲まれた鎮守様として、地元の人に親しまれている。

目黒通り沿いにある神社の鳥居をくぐり石段を上がると、世田谷の名木百選に選ばれた楠木の巨木が、昼なお暗い木陰を作ってそびえている。

創建は不詳だが、室町期の文亀年間（1501〜04）に世田谷城主・吉良頼康が紀州熊野よりご神霊を勧請したという。元は熊野社と称した。

ここには、「子どもを谷に落として厳しく鍛える」という獅子の故事にちなんで作られた、珍しい子落としの石獅子の像がある。

ご祭神
伊弉諾尊（イザナギノミコト）　伊弉冊尊（イザナミノミコト）
事解命

[DATA]
・玉川神社
・東京都世田谷区等々力3-27-7
・東急大井町線「等々力」駅徒歩6分
・等々力の氏神様
・厄除、無病息災、災除開運、他
・例祭（9月28日）
・ご朱印あり
・社務所（授与所）　要電話：03-3701-1617
・tokyo-jinjacho.or.jp

とっくり楠

大田区

磐井神社（いわいじんじゃ）

1400年の歴史と格式を誇る、大森海岸の古社

ご祭神
応神天皇（オウジンテンノウ）
大己貴命（オオナムチノミコト）　仲哀天皇（チュウアイテンノウ）
神功皇后　姫大神

1400年の歴史を持つ大森の古社は、大森海岸駅から4分ほどの場所に鎮座している。第一京浜沿いに建つ同社は、平安時代初期の貞観元年、官社に列した延喜式内社（173頁）。大きく突き出た軒下唐破風の屋根を持つ社殿は堂々として、威厳を感じさせる。　由緒には飛鳥時代の敏達（びだつ）天皇2年の創祀とあり、その後兵火にかかり社殿が焼失。徳川八代将軍吉宗が社殿を寄贈している。神社近くに「磐井（いわい）」の由来となった古井戸があり、心正しい者が飲むと清水、邪悪な者が飲むと塩水だという。

[DATA]
・磐井神社
・東京都大田区大森北2-20-8
　京浜急行「大森海岸」駅徒歩4分
・大森海岸の氏神様
・創建1400年の延喜式内社
・例祭（8月の第1金・土・日曜）
・ご朱印あり
・社務所（授与所）9:00～17:00
・tokyo-jinjacho.or.jp

大田区

薭田神社（ひえだじんじゃ）

1300年の歴史を持つ、蒲田の式内式古社

京浜急行「蒲田」駅から徒歩10分の住宅街にひっそりと建つ薭田神社は、1300年の歴史がある古社。

奈良時代の和銅2年（709）、僧行基がこの地に足を留め、天照大神、応神天皇、春日大神三柱のご神体を祀ったとされている。

平安時代に朝廷が定めた『延喜式神明帳』に「武蔵国荏原郡薭田神社」と記載された、格式の高い、いわゆる延喜式内社である。

境内はきれいに清められて無人とは思えず、大切に守られている様子だ。注連縄（しめなわ）が下がった石鳥居は大田区最古で、江戸時代前期の寛政12年（1800）奉納。

[DATA]
- 薭田神社
- 東京都大田区蒲田 3-2-10
- JR 京浜東北線「蒲田」駅徒歩 15 分
  京浜急行「蒲田」駅徒歩 10 分
- 『延喜式神明帳』にある古社
- 成功勝利、開運、悪病厄除、他
- 例祭（9月15日前後の土・日）
- ご朱印あり（蒲田八幡神社：蒲田 4-18-18 で頂く）
- 社務所（授与所）神社 9:00～17:00)
- hieda.kamatahachiman.org

ご祭神
誉田別命（ホンダワケノカミノミコト）
天照大神（アマテラスオオミカミ）　春日大神（カスガノオオカミ）
武内宿称命（タケノウチノスクネノミコト）
荒木田襲津彦命（アラキダソツヒコノミコト）

大田区

新田神社
にったじんじゃ

破魔矢発祥の神社。
ご神木には霊力があるという

ご神木

ご祭神
ニッタヨシオキコウ
新田義興公

大田区矢口に658年鎮座する同社は、破魔矢発祥の地としてその名が高い。創建は南北朝の正平・延文年間。鎌倉幕府を倒した新田義貞の次男・義興公を祀ったのが始まりという。江戸時代には徳川家の祖先が新田一族だったため、「新田大明神」として武家の信仰を集め栄えた。

蘭学者の平賀源内の発案で、境内に自生する篠竹で厄除開運・邪気退散の「矢守」（破魔矢の元祖）が作られ、一躍人気となり全国の神社に広がった。樹齢700年のケヤキのご神木には霊力があり、触れると運気が上がるといわれている。

[DATA]
- 新田神社
- 東京都大田区矢口1-21-23
- 東急多摩川線「武蔵新田」駅徒歩3分
- 破魔矢発祥の神社
- 必勝開運、恋愛成就、他
- 例祭（10月10日、古武道演武大会）
- ご御朱印あり
- 社務所（授与所）9:00～17:00
- nittajinja.org

大田区

六郷神社（ろくごうじんじゃ）

多摩川近くに鎮座して、六郷一帯を守る八幡様

ご祭神
誉陀和気命（ホンダワケノミコト）
（応神天皇）

多摩川の清流に近く、国道15線沿いに鎮座する六郷神社は、落ち着いた雰囲気で参拝者に人気が高い。広々とした境内にはぴんとした空気が流れ、清々しい気持ちになる。

由緒によれば、平安時代の天喜5年（1057）東征の源頼義、義家父子が、白旗を立てて軍勢をつのり、京都石清水八幡に武運長久

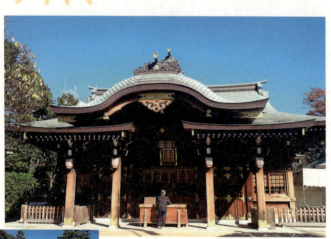

を祈り、凱旋後、ご分霊を勧請したのが創建という。源頼朝が獅子頭(がしら)を奉納、家康が掛けた六郷大橋の竣工祭事では、当社の神輿が渡初式を行っている。町内40基もの神輿が出る例祭は盛大なことで名高い。

[DATA]
- 六郷神社
- 東京都大田区東六郷 3-10-18
- 京浜急行「六郷土手」「雑色」駅徒歩10分
- 六郷一帯の総鎮守
- 必勝、心願成就、厄除、他
- 例祭（6月3日前後の土・日）
- ご朱印あり
- 社務所（授与所）9:00 〜 17:00
- rokugo.or.jp/index2.html

大田区

参道入口に建つ大鳥居

穴守稲荷神社
（あなもりいなりじんじゃ）

堤防を守り、豊かな実りをくれた羽田のお稲荷さま

羽田ではやる お穴さま
朝参り 晩には 利益授かる

と、羽田の古い俗謡にも謡われた穴守稲荷神社は、伊勢神宮外宮に奉祀されている豊受大神をご祭神として、地元の氏子から篤く敬まわれてきた。

江戸時代の文化元年（1804）、羽田の新開発のとき海が荒れて堤防が決壊。そのため村民が堤防の上に祠を勧請して、稲荷大神を祀ったことが神社の始まりとされている。

戦後の米軍や羽田空港拡張による苦難があったが、地元の人々の信仰心で乗り越えて、現在の地に鎮座して願いを受け止めている。

ご祭神
トヨウケヒメノミコト
豊受姫命

[DATA]
- 穴守稲荷神社
- 東京都大田区羽田 5-2-7
- 京浜急行空港線「穴守稲荷」駅徒歩 3 分、東京モノレール「天空橋」駅徒歩 5 分
- 羽田を守るお稲荷さま
- 商売繁盛、家内安全、開運、他
- 例祭（11月3日）
- ご朱印あり
- 社務所（授与所）8:30 〜 17:00（昇殿参拝は 9:00 〜 16:00）
- anamori.jp

大田区

羽田神社 (はねだじんじゃ)

航空安全を守る神様として信仰される、羽田の氏神様

航空安全を祈願する神様として有名な羽田神社は、多摩川の大師大橋近くに鎮座して、日夜、羽田空港を見守っている。

神社の歴史は800年前の鎌倉時代、羽田浦水軍で領主だった行方与次郎(なめかたよじろう)が、牛頭天王社(ごずてんのう)を祀ったことに始まる。江戸期は旧羽田村の鎮守で、徳川将軍家などが信仰した。

場所柄、航空会社からの崇拝が篤く、飛行安全を願う関係者の絵馬がズラリと掛かっている。7月末の例祭は有名で、3万人もの見物客が押し寄せ、神輿の担ぎ手だけで約3000人といわれる。神輿を左右に揺らす「ヨコタ」と呼ばれる担ぎ方が特徴的。

ご祭神
須佐之男命 (スサノオノミコト)
稲田姫命 (イナダヒメノミコト)

[DATA]
- 羽田神社
- 東京都大田区本羽田 3-9-12
- 京浜急行空港線「大鳥居」駅徒歩5分
- 空の安全を守る羽田の氏神様
- 運行安全、航空安全、病気平癒、他
- 例祭(7月29～31日)
- ご朱印あり(飛行機のデザイン)
- 社務所(授与所)9:00～17:00
- hanedajinja.com/index2.htm

都下／三鷹

三鷹 八幡大神社
三鷹の森に鎮座する、江戸の大火を知る八幡様

ご神木の椎（すだじい）

ご祭神
オウジンテンノウ
応神天皇

武蔵野の面影が残り、けやきが高くそびえる森に鎮座する三鷹八幡大神社は、江戸の歴史の中で創祀された八幡様である。

神社は、振袖火事と呼ばれる明暦の大火で焼け出されて、神田連雀町から移り住んだ人々のための鎮守として、寛文4年（1664）に創建されたと伝わっている。

巨木が生い茂り、神聖な雰囲気がただよう境内には、ご神木のすだじいが根を張り、立派な神門・拝殿・本殿・神楽殿が、ゆったりと参拝者を迎えてくれる。

例祭には100人近くで担ぐ大神輿が、三鷹の街を渡御し、社の隣には太宰治・森鴎外が眠る禅林寺がある。

[DATA]
- 八幡大神社
- 東京都三鷹市下連雀4-18-23
- JR中央線「三鷹」駅徒歩12分
- 武蔵野の面影が残る八幡様
- 心願成就、厄除、開運招福、他
- 例祭（9月の第2土・日）
- ご朱印あり
- 社務所（授与所）要電話：0422-47-6628
- HP不明

都下／吉祥寺

吉祥寺 武蔵野八幡宮

吉祥寺に厳かに鎮座する、明暦の大火由来の八幡宮

1200年の長い歴史を持つ吉祥寺八幡宮は、濃い緑に包まれて、駅から10分の地にひっそりと鎮座している。長い参道をぬけて鳥居をくぐると、境内は吉祥寺の喧騒が消え、清らかな別世界が広がっている。

由緒によれば遥か奈良時代の延暦8（789）将軍坂上田村麻呂が宇佐八幡大社のご分霊を祀り、江戸水道橋附近に創建したという。

その後、四代将軍家綱の頃の明暦の大火（振袖火事）の後、江戸水道

橋吉祥寺村の住民が当地周辺に移住して吉祥寺の地名の元となり、神社は村の鎮守となった。昼休みにはサラリーマンやOL、女子学生が訪れている。

[DATA]
- 武蔵野八幡宮
- 東京都武蔵野市吉祥寺東町1-1-23
- JR中央線・京王井の頭線・東京メトロ東西線「吉祥寺」駅徒歩10分
- 緑に守られた吉祥寺の氏神様
- 隆運招福、厄除、良縁祈願、他
- 例祭（9月15日）
- ご朱印あり
- 社務所（授与所）要電話：0422-22-5327
- tokyo-jinjacho.or.jp

ご祭神
誉田別尊（ホンダワケノミコト）
比賣大神（ヒメノオオカミ）　大帯比賣命（オオタラシヒメノミコト）

都下／国立

国立 谷保天満宮(やぼてんまんぐう)

「江戸三大天神」の一社で、交通安全発祥(169頁)と学業の神様

「江戸三大天神」の一社であり、東日本最古の天満宮とされる谷保天満宮は、国立市の谷保に鎮座している。甲州街道沿いの広い境内には古く立派な社殿が建ち、参拝者は心が洗われる。

創建は平安時代の延喜3年（903）、菅原道真公の三男・道武が、父を祀る廟を建てたことに始まるという。江戸三大天神という名に恥じない風格があり、拝殿は嘉永4年（1851）、本殿は寛延12年（1749）（いずれも江戸期）の造営で、国立市の有形文化財に指定。境内には天神様らしく牛の像があり、早春には梅林で350本の紅白梅が目を楽しませてくれる。

ご祭神
菅原道真公(スガワラミチザネコウ)　菅原道武公(スガワラミチブコウ)

[DATA]
- 谷保天満宮
- 東京都国立市谷保5209
- JR南武線「谷保」駅徒歩5分、JR中央線「国立」・京王線「府中」「聖蹟桜ヶ丘」駅より各バス10分
- 交通安全発祥と学業の神
- 合格・学業成就、厄除、交通安全
- 例祭（9月24〜25日）
- ご朱印あり
- 社務所（授与所）9:00〜16:50
- www.yabotenmangu.or.jp

※「江戸(関東)三大天神」の一社（175頁）

都下／府中

府中 大國魂神社

広大な杜に厳かに鎮座する、武蔵国の総社

創建から1900年の長い歴史を重ねてきた大魂國神社は、武蔵国（東京、埼玉、神奈川県の一部）総社として名高い。長いケヤキ並木を進むと、大鳥居・随神門・中雀門の先に堂々とした拝殿が見えてくる。随神門は木の門としてはまれに見る大きさで、扉には菊のご紋があしらわれている。

創建は遥か古代の、景行天皇41年（111）5月5日。大化の改新のとき武蔵国府がここに置かれ、武蔵の国有数の神社六社を合祀。「六所宮」と呼ばれた。

鎌倉幕府以後、歴代の武家政権が篤く敬い、徳川家康が大鳥居まで続く「馬場大門のケヤキ並木」（国の天然記念物）を整備している。

境内を含めた神域は広大で、巨木が生い茂る境内はたたずむだけで穢れが落ち、災厄を祓う力強さに満ちている。縁結びで有名な出雲大社のご祭神・大国主命（大黒様）をお祀することから、縁結び・商売繁盛・招福開運のご利益があるとされる。社殿など見所が数多い。

「くらやみ祭」

大國魂神社の例大祭「くらやみ祭」は、関東三大奇祭の一つとして名高い。大祭当日の5月5日の深夜、神輿渡御が町中の明かりを消して行われたため、こう呼ばれた。日野に住んでいた新撰組の土方歳三も若い頃楽しみにしていた。

都下／府中

隋神門、奥に中雀門が見える

[DATA]
- 大國魂神社
- 東京都府中市宮町3-1
- 京王線「府中」駅徒歩3分、JR南武線・武蔵野線「府中本町」駅徒歩5分
- 1900年の歴史を誇る武蔵国総社
- 厄除、縁結び、招福開運、商売繁盛
- 例祭（5月5日 くらやみ祭）
- ご朱印あり（9:00～16:30）
- 社務所（授与所）（9:00～17:00）
- ookunitamajinja.or.jp

ご祭神

大國魂大神（オオクニタマノオオカミ）

小野大神（オノノオオカミ） 小河大神（オガワノオオカミ）
氷川大神（ヒカワノオオカミ） 秩父大神（チチブノオオカミ）
金佐奈大神（カナサナノオオカミ） 杉山大神（スギヤマノオオカミ）

弊殿

※元「准勅祭社」の一社

都下／田無

田無神社(たなしじんじゃ)

―五龍神が守護してくれる、龍神様を祀るお宮

ご祭神に龍神様を祀る珍しい田無神社は、西東京市に厳かに鎮座している。龍神とされる級津彦命(シナツヒコノミコト)、級戸辺命(シナトベノミコト)は生命の源である水と、災いを祓う豊饒と除災の守護神。境内では、龍神のご神木である5本のイチョウの巨木が、静かに参詣人を見守ってきた。

創建は鎌倉時代後期、あるいは、家康が江戸城を築いた江戸初期に、土地の人々が鎮座していた龍神様を祀ったのが始まりともいう。

五行思想に基づき、青龍・赤龍・白龍・黒龍・金龍の五龍神が、それぞれの方位を守護する「五龍神方位除(りゅうじんほういよけ)」が行われている。

ご祭神
大国主命(オオクニヌシノミコト)　級津彦命(ミナツヒコノミコト)
級戸辺命(シナトベノミコト)　国内諸神

[DATA]
- 田無神社
- 西東京市田無町 3-7-4
- 西武新宿線「田無」駅徒歩 6 分
- 龍神を祀る神社
- 五龍神方位除、病気平癒、厄除、他
- 例祭（10月の第2週土、日）
- ご朱印あり（巫女、神主柄など）
- 社務所（授与所）9:00 ～ 16:45
- tanashijinja.or.jp

164

都下／調布

調布 布多天神社
ちょうふ ふだてんじんじゃ

調布の地名の由来という、緑濃い森に守られた延喜式内小社

京王線調布駅にほど近く、武蔵野の面影を残す森の中に、厳かに鎮座する布多天神社。当社は平安時代の延長5年（927）制定の『延喜式神名帳』に名を連ねる、多摩地方有数の古社である。厳かな社殿が建ち、神域という気配がただよう。

社伝によれば古代、第十一代垂仁天皇の御代、約1940年前の創建とされている。かつて参道には梅の並木があり、江戸の地まで聞こえた名所だった。

平安時代に地元の長者が神様のお告げで当社にもこもり、日本で初めて木綿の布を作って朝廷に献上。布は多摩川でさらし、調えたところから、「調布」という言葉が生まれたという。

ご祭神
少名毘古那神 スクナヒコナノカミ
菅原道真公 スガワラミチザネコウ

[DATA]
- 布多天神社
- 東京都調布市調布 1-8-1
- 京王線「調布」駅徒歩 8 分
- 調布の総鎮守
- 合格・学業成就、厄除、他
- 例祭（9月24〜25日）
- ご朱印あり
- 社務所（授与所） 要電話：042-489-0022
- fudatenjin.or.jp

阿豆佐味天神社 立川水天宮

「猫返し」の神様として、愛猫家が訪れる社

同社は「猫返し」の神社として知られていて、全国から愛猫の無事、健康を願う愛猫家が訪れる。そもそもは、17日間愛猫が行方不明だったジャズピアニストの山下洋輔氏が神社に願掛けしたところ、翌日猫が戻ってきたことがきっかけ。

江戸中期の寛永6年(1629)、立川砂川の鎮守として、西多摩郡瑞穂町に鎮座する阿豆佐味天神社を勧請、その後水天宮を合祀。現在に至っている。

本殿は立川市最古の建造物で落ち着いた風格がただよう。境内で元旦午前零時から始まるだるま市は、日本一早いだるま市として、初詣をかねて買い求める参詣人が多い。

ご祭神
- 小彦名命(スクナヒコナノミコト)
- 天児屋根命(アメノコヤネノミコト)
- 天之御中大神(アメノミナカヌシノカミ)
- 安徳天皇(アントクテンノウ)
- 建礼門院(ケンレイモンイン)
- 二位ノ局(ニイノツボネ)

[DATA]
- 阿豆佐味天神社・立川水天宮
- 東京都立川市砂川町4-1-1
- JR中央線「立川」駅より立川バス10分
- 愛猫家の信仰を集めている神社
- 健康長寿、安産、子授け、他
- 例祭(9月15日)
- ご朱印あり
- 社務所(授与所)10:00〜12:00 13:00〜15:30
- azusami-suitengu.net

都下／八王子

拝殿

八幡八雲神社 (はちまんやくもじんじゃ)

攻めと守りに霊験あり、という八王子の地名由来の神様

八王子の中心部に、静かなただずまいを見せて鎮守する八幡八雲神社は、名前からもわかるように、二つの神様を合祀している。

共に平安時代の延喜年間(901〜923)、石清水八幡宮と牛頭八王子権現を勧請したもので、後者は「八王子」の地名発祥の神とされている。

攻めと守りの二つをかねた備えた神社で、「攻め」は開運・心願成就、「守り」は災厄払除の霊験という。7月には八雲神社、9月には八幡神社の例大祭が行われ、地元の人たちで華やかに盛り上がる。

ご祭神

誉田別尊 (ホンダワケノミコト) (八幡神社)
素戔嗚尊 (スサノヲノミコト) (八雲神社)

[DATA]

- 八幡八雲神社
- 八王子市元横山町 2-15-27
- JR中央線「八王子」駅徒歩10分
- 攻めと守りの神社
- 心願成就、開運、厄除、他
- 八幡神社例祭(9月15日と直後土・日)、八雲神社例祭(7月23日と直後の土・日)
- ご朱印あり
- 社務所(授与所) 9:00〜17:00
- hachiman-yakumo.or.jp

都下／町田

菅原神社(すがわらじんじゃ)

町田三天神の一つとして、
受験生を守る学問の神様

緑濃い森に抱かれて、近在の人たちから崇められてきた同社は、学問の神様菅原道真公を祀っている。古くより町田天満宮・天神社と共に町田三天神と呼ばれてきた。交通の便のいいこともあり、一年中、受験生や父兄を中心に参拝者の姿が絶えない。
室町時代に奉安された、天神様を祀った祠(ほこら)が神社の始まりとされ、江戸時代の寛永7年（1630）に菅原神社となり、今に至っている。4月には、境内に咲き誇る桜見物もかねた参拝者でにぎわう。

ご祭神
スガワラノミチザネコウ
菅原道真公

[DATA]
- 菅原神社
- 東京都町田市本町田802
- JR 横浜線・小田急線「町田」駅よりバス10分
- 緑濃い学問の神様
- 学問、学芸上達、他
- 例祭（8月25日）
- ご朱印あり
- 社務所（授与所）10:00〜16:00
- www.sugawarajinja.com

桜が美しい参道

お悩み別 解決神社 11

ワンポイント!!

悩みや不安を解消

恋愛成就

文京区 妻恋神社(つまこいじんじゃ)

日本武尊(ヤマトタケル)と弟橘媛命(オトタチバナヒメ)の、強い愛の絆の力をいただく

良縁祈願・恋愛成就

妻恋神社は、日本武尊と弟橘媛命の悲しい物語を元に創祀されている。

東方平定の日本武尊が舟で東京湾を渡るとき、暴風雨に遭う。そこで夫を救うため、同行の妃・弟橘媛命が海に身を投げて海神の怒りを沈めたという。その後、妃をしのんで、日本武尊が野営の地に創建したのが妻恋神社。古くから恋愛守護の神社として崇められてきた。

参拝情報
- ご祭神／日本武尊、弟橘媛命
- 東京都文京区湯島 3-2-6
- JR「御茶ノ水」駅徒歩6分
- 参拝時間・終日

国立 谷保天満宮(やぼてんまんぐう)

100年前、日本初の交通安全祈願が行われたお宮

交通安全

国立市の谷保天満宮(161頁)は学問守護の神社として名高いが、交通安全ゆかりの地でもある。

明治41年、有栖川威仁親王ご参加の日本初のドライブツアー「遠乗り会」が、谷保天満宮を目的地として行われた。以来、当社は交通安全守護の神社としても敬われている。神社の交通安全ステッカーや絵馬を自分や家族のためにいただき、車に祀る人が多い。

参拝情報
- ご祭神／菅原道真公、菅原道武公
- 東京都国立市谷保 5209
- JR南武線「谷保」駅徒歩3分
- 参拝時間・終日

足腰丈夫・健脚健康

あきる野市 稲足(いなたり)神社
転ばない、足腰の病気完治、マラソン上達のご利益がいただける

参拝情報
- ご祭神／面足尊、惶根尊(オモダル/ミコト、カシコネノミコト)
- 東京都あきる野市菅生871
- JR五日市線「秋川」駅より西東京バス10分
- 参拝時間・終日

都下あきる野市に鎮座する稲足神社には、足腰の衰えた中高年を中心に、足腰丈夫・健脚・マラソン・ジョッキング上達を祈願する人たちが参拝に訪れている。足の速い人を「韋駄天(いだてん)」というが、これは境内に仏教の速足の神・韋駄天を祀ることから。昔から健脚健康のご利益があるとされるが、特に腰部から足先にかけての疾病にご霊験があるという。

出世・開運

千代田区 柳森(やなぎもり)神社
お狸様が出世をあと押しする、アキバの開運神社

参拝情報
- ご祭神／倉稲魂大神
- 東京都千代田区神田須田町2-25-1
- JR山手線・総武線、東京日比谷線「秋葉原」駅徒歩5分
- 参拝時間朝夕時間制限あり

ご祭神のお狸(たぬき)様にお願いすれば、出世開運、勝負運のご利益をいただけるという、秋葉原は柳森神社の境内社・福寿社。神社は太田道灌が江戸城の鬼門除として、柳を植え、伏見稲荷を勧請したことに始まる。

狸を祀る福寿社は五代将軍綱吉の生母・桂昌院が江戸城内に創建。他を抜いて出世した桂昌院と、他抜き（たぬき）という語呂合わせから、開運・必勝のご利益があるとされる。

人間関係解決・修復

港区 田村銀杏稲荷大明神(たむらいちょういなりだいみょうじん)
人間関係に悩む人を救ってくれる、忠臣蔵由来のお宮

参拝情報
- ご祭神／倉稲魂命
- 東京都港区新橋4-28
- JR山手線・東京メトロ「新橋」駅徒歩3分
- 参拝時間・終日

新橋4丁目の交差点近くに鎮座する当社は、小さな社だが悲しい物語を背負っている。

社が建つ場所は「忠臣蔵」の浅野内匠頭(あさのたくみのかみ)が切腹した田村邸の跡で、そのことから「人間関係修復・トラブル解決」のご利益があると、手を合わせる若者たちが絶えない。田村邸には大きな銀杏の木があったことから、この社号になったそうだ。

170

再婚・復縁

板橋区 舟渡氷川神社（ふなどひかわじんじゃ）
再婚・復縁を望む女性たちが、ひそかに通うお宮

参拝情報
- ご祭神／須佐之男命、奇稲田姫命
- 東京都板橋区舟渡 2-18-2
- JR埼京線「舟渡」駅徒歩 8 分
- 参拝時間・終日

板橋区に建つ舟渡氷川神社は、復縁・再婚を願う女性たちがひそかに通うお宮という。神社が鎮座する場所には昔小さな祠が祀られていて、洪水によって流されても、十度この場所に戻ってきた、という言い伝えから「十度宮」の名があった。何度も戻ったことと、ご祭神の須佐之男命と妃・奇稲田姫命の夫婦の絆にあやかって、再婚を望む女性に人気の神社。

美脚・ダイエット

葛飾区 亀有香取神社（かめありかとりじんじゃ）
健康で美しい脚になる美脚・ダイエットの神様

参拝情報
- ご祭神／経津主大神、武甕槌大神
- 東京都葛飾区亀有 3-42-24
- 東京メトロ千代田線「亀有」駅徒歩 6 分
- 参拝時間・終日

当書で紹介した、亀有香取神社（→112頁）の相殿で祀られる岐大神（クナドノオオカミ）は道案内の神様として名高く、そのことから足腰健康のご利益があるといわれ、美しくやせたいと願う女性の間で有名だ。ご祭神の経津主大神（フツヌシノオオカミ）、武甕槌大神（タケミカヅチノオオカミ）が戦いの神様なので、祈願すれば「自分に勝って、美脚になる！」ご利益も期待できる。

リストラ回避

練馬区 中村八幡神社（なかむらはちまんじんじゃ）
リストラを防いでくれる、ありがたい神社

参拝情報
- ご祭神／応神天皇
- 東京都練馬区中村南 3-2-1
- 西武池袋線「鷺沼」駅徒歩 11 分
- 参拝時間・終日

中村八幡神社境内の「首つぎ地蔵」は、リストラにならないご利益があるといわれている。信心深い信者の努力で、首が取れていた地蔵尊の首と体がつながったとされ、その名にちなみ、昭和初期の不況時代には「首切り」を逃れたい参詣者でにぎわった。毎日、神社にはリストラに悩む人たちがお願いに来る。

悪縁切り・悪癖切り

板橋区 榎大六天神社（えのきだいろくてんじんじゃ）

人間関係の悪縁や、断酒など悪癖も切ってくれる

江戸時代、「樹皮を煎じて飲ませれば、その人と縁が切れる」と信じられた縁切榎。榎の近くに鎮座する榎大六天神社のご神木で、今でもたくさんの人が縁切りを願ってやって来る。人との悪縁切りをはじめ、酒・タバコ・バクチ・浪費など、弱い自分の悪癖も切ってくれるという。ストーカー切りなどにもご利益があるかもしれない。

参拝情報
- ご祭神／面足尊、惶根尊、宇迦之御魂神
- 東京都板橋区本町18
- 東京メトロ三田線「板橋本町」駅徒歩5分
- 参拝時間・終日

衣装持ち、洋服センス向上

北区 装束稲荷神社（しょうぞくいなりじんじゃ）

衣服に困らず、服選び、着こなしのセンスが良くなる

王子に建つ神社の境内にはかつて榎があり、大晦日の夜に関東中の狐が集まって榎の下で衣装を改めてから、関東稲荷総司の王子稲荷神社に初詣したという。そのことから、参拝すると衣服に困らなくなると信じられてきた。服選びや着こなしのセンスも良くなるとされ、ファッション・デザイナーやモデルが訪れるという。

参拝情報
- ご祭神／宇迦之御魂神
- 東京都北区王子2-30-13
- JR京浜東北線「王子」駅徒歩5分
- 参拝時間・終日

子育て大願

台東区 第六天榊神社（だいろくてんさかきじんじゃ）

子育てのストレスを消し、力になってくれる神様

蔵前に鎮座する神社は古代の景行天皇40（110）、日本武尊が国家鎮護の神宮として創建したとされる。1900年もの歴史を持つ古社で、全国にある「大六天神」の総本宮。

一人で子育てに悩むママたちを応援してくれる、子育て大願のご利益があるとされていて、子育ての不安とストレスを吹き飛ばしてくれる。

参拝情報
- ご祭神／榊皇大神
- 東京都台東区蔵前1-4-3
- 都営浅草線「蔵前」駅徒歩6分
- 参拝時間・終日

神社の基礎知識

祭神、皇室との関係などから決められたが、この格式は戦後廃止されている。

「神社の種類」

神社には「森の鎮守さま」から伊勢神宮・出雲大社まであって、ご祭神や成り立ちによってさまざまに分けられる。参拝する際基本的なイロハを知っていると、神社に対する気持ちも違うもの。以下、それをかんたんに説明しよう。

★平安時代に決まった神社の格式

第二次大戦前まですべての神社は、国が定めた格式一覧によって格付けされていた。平安時代の延長5年(927)にまとめられた『延喜式神名帳』がそれで、神社は式内社と式外社に分けられた。格付けは、成り立ち、歴史、ご

☆式内社

式内式とは「延喜式神明帳」に載った神社で、国が認定した官社とされていた。当時存在した全国の神社、2861社が記載されている。そして、この式内式神社は官幣社と国幣社に分けられ、さらに、重要度によって大社と小社に区分された。

＊官幣社

祈年祭(毎年2月)に神祇官(朝廷の役人)から直接、幣帛(神前に供える供物)を受ける神社。

官幣大社─193社(出雲大社・宇佐神宮・上賀茂神社・下鴨茂神社・春日大社・鹿島神宮)他。
官幣小社─375社(大國魂神社・住吉神社(福岡)他。

＊国幣社

祈年祭に神祇官代理の国司から幣帛を受ける神社。
国幣大社─155社(熊野大社)他。
国幣小社─1233社(戸隠神社)

☆式外社

延喜式神明帳編纂の時代には明らかに存在したものの、神明帳に記載されていない神社。式内社に対して「式外社」と呼ぶ。

「神社の呼び名」

神社の名称のあとにつく社号には「神宮」「大神宮」「宮」「大社」「神社」「社」の6つがある。かんたんにいえば、大社までは、社がある場所のシンボル的神社で、それら以外のほとんどが「神社」となり、さらに小さいのが「社」である。

訪ねてみたい、江戸由来の東京の神社巡りガイド

東京には多くの神社があるが、江戸時代から昭和にかけて、特別な名で呼ばれていた神社があった。「神輿深川、山車神田、だだっ広い山王祭」と称した。「江戸七氷川」「江戸三大祭」「江戸十社」などが一例で、祭礼・祭神・社号・興行などによって個性的な呼び名がついていた。

神社参詣の理由は人さまざまだが、これら江戸の香りを残す神社を巡るのも楽しいもの。自分流神社巡りのミニ旅で、東京に鎮座するさまざまな神様を訪ねよう。

「江戸三大祭」

江戸で行われてきた3つの大きな祭りで、江戸っ子の「神輿深川、山車神田」と呼ばれ、深川八幡祭(8月15日)、神田祭(5月15日)、山王祭(6月7〜17日)のこと。いずれも、祭りの特徴をいったもので、深川八幡祭は圧巻。観衆が神輿の担ぎ手に清めの水を掛けることから、「水掛け祭」とも呼ばれている。

深川八幡祭

「江戸七氷川」

江戸七氷川とは江戸で信仰を集めた7社の氷川神社を巡り、将軍上覧のために神田神社の山車が江戸場内に入ったので、「天下祭」と呼ばれた。

一方、「神輿深川、山車神田」と囃されたように、富岡八幡宮(96頁)の「深川八幡祭」は神輿振りが見所。120基もの神輿がくり出し、中でも、54基の大神輿が練り歩く「連合渡御」は圧巻。観衆が神輿の担ぎ手に清めの水を掛けることから、「水掛け祭」とも呼ばれている。

で、現存するのは4社のみ。大宮氷川神社を本宮とする神社で、スサノオ(素戔嗚尊)信仰を元にしている。

赤坂氷川神社(48頁)を筆頭とし、今井・盛徳寺内の**氷川の社**(赤坂氷川神社に勧請)、**麻布氷川神社**(50頁)、**渋谷氷川神社**(58頁)、**簸川神社**(22頁)である。

「江戸八所八幡宮」

江戸八所八幡宮は江戸庶民、徳川将軍家に崇拝された8つの八幡宮・八幡神社の総称。八幡神社は宇佐神宮を総本宮として、応神天皇を祀り、稲荷神社に次いで多い。**富岡八幡宮**(138頁、96頁)、**市ヶ谷八幡宮**、**大宮八幡宮**、**神田神社**(12頁)・**日枝神社**(14頁)は徳川将軍家の庇護を受け、絢爛豪華な山車と鳳輦が江戸の町を巡り、

日枝神社（14頁）

谷亀岡八幡宮（70頁）、鳩森八幡神社（60頁）、穴八幡神社（79頁）、金王八幡宮（56頁）、西久保八幡神社（39頁）、御田八幡神社（45頁）。

江戸三森

江戸三森（えどさんもり・えどさんしん）とは、江戸で「森」の字を持った代表的な3つの神社の呼び名。江戸開拓の祖・太田道灌が定めたもの。3社ともに稲荷神社系で、**烏森神社**（40頁）、**椙森神社**（36頁）、**柳森神社**（170頁）。

江戸八富士

江戸中期、富士信仰に基づいて、富士山を模して造られた人工の山や塚が「富士塚」と呼ばれて、江戸庶民の信仰の対象になっていた。行者藤四郎が、安永9年（1780）高田水稲荷の境内に築いたのが始まり。江戸を中心に50数カ所の富士塚があり、代表的な塚が「江戸八富士」である。

高田富士（最初の富士塚・水稲荷神社、品川富士（都内最大の15メートル・品川神社・69頁）、千駄ヶ谷富士（現在都内最古 鳩森八幡神社・60頁）下谷坂本富士（小野照崎神社・90頁）、江古田富士（茅原浅間神社）、十条富士（富士神社）、高松富士（富士浅間神社）、音羽富士（護国寺）

隅田川七福神

江戸時代から続いている、隅田川東岸にある「隅田川七福神めぐり」で、七福神詣の元祖とされている。江戸庶民が新年の幸せを願い、正月に七福神を回ったことが始まり。**三圍神社**（恵比寿神、大国神）、**弘福寺**（布袋尊）、**長命寺**（弁財天）、**百

江戸（関東）三大天神

「学問の神様」と呼ばれる菅原道真公を祀った、江戸で人気が高かった三つの天神をいう。**湯島天満宮**（21頁）、**亀戸天神社**（98頁）、**谷保天満宮**（161頁）。

なお、大宰府天満宮（福岡）、北野天満宮（京都）、防府天満宮（山口）が「日本三大天神」と呼ばれている。

東京十社

明治元年（1868年）、明治政府は東京守護のため東京近郊の12の神社を「准勅祭社」と定めた（のちに廃止）。昭和50年に東京郊外ということで、大國魂神社・鷲宮神社は外され、現在は2社以外が「東京十社」と呼ばれている。

神田明神（12頁）、**日枝神社**（14頁）、**白山神社**（掲載なし）、**根津神社**（20頁）、**芝大神宮**（43頁）、**赤坂氷川神社**（48頁）、**品川神社**（69頁）、**富岡八幡宮**（96頁）、**亀戸天神社**（98頁）、**王子神社**（124頁）、**大國魂神社**（162頁）、**鷲宮神社**。

花園神社（福禄寿）、**白髭神社**（寿老神101頁）、**多門寺**（毘沙門天）

[DATA]
・神社名
・住所
・交通
・神社の特長・個性
・ご利益
・例祭
・ご朱印
・社務所(授与所)
・Webサイトアドレス

●各頁の[DATA]について
各神社の頁、[DATA]の項目は左記のようになっています。

＊本書制作にあたり、神社からのご意見・HP・文献を参考にさせていただきました。
厚く御礼を申し上げます。

すばらしい東京の神社
ベスト151

2016年（平成28年）12月25日　初版第1刷発行
2018年（平成30年）7月1日　初版第4刷発行

監　修　東京神社研究会
発行者　伊藤　滋
発行所　株式会社自由国民社
〒171-0033 東京都豊島区高田3-10-11
http://www.jiyu.co.jp/
振替 00100-6-189009
電話 03-6233-0781(代表)

企画・構成　ノンデルン
装　　丁　　JK
本文デザイン　Nobuyasu Yao

印刷所　大日本印刷株式会社
製本所　新風製本株式会社
©2016 Printed in Japan.
乱丁本・落丁本はお取り替えいたします。

写真協力／「神社と御朱印」jinja.tokyolovers.jp　「御朱印・神社メモ」jinjamemo.com